PASCAL AKIRA FRANK

Das kleine Buch vom leichten Leben

GOLDMANN

Lesen erleben

Pascal Akira Frank

Das kleine Buch vom leichten Leben

Mini-Zen-Rituale,
die wirklich
glücklich machen

GOLDMANN

Dieses Buch ist auch als E-Book erhältlich.

Verlagsgruppe Random House FSC® N001967

1. Auflage
Originalausgabe Oktober 2019
© 2019 Wilhelm Goldmann Verlag, München,
in der Verlagsgruppe Random House GmbH,
Neumarkter Str. 28, 81673 München
Umschlaggestaltung: UNO Werbeagentur, München
Umschlagmotiv: © FinePic®
Layout: © Ruth Botzenhardt
Bildnachweis: Illustrationen: © Ruth Botzenhardt mit
Ausnahme von Hintergrund-Aquarell: © FinePic®, München;
Illustrationen im Vorsatz, Nachsatz, S. 19, 45:
© shutterstock / venimo; S. 8, 9: © shutterstock / Val_Iva
Lektorat: Diane Zilliges
fm · Herstellung: cf
Satz und Layout: Satzwerk Huber, Germering
Druck: Těšínská Tiskárna, A. S., Český Těšín
Printed in the Czech Republic
ISBN 978-3-442-22286-5

Besuchen Sie den Goldmann Verlag im Netz

WIESO IST DAS LEBEN SO SCHWER?

33 MINI-ZEN-RITUALE

WIESO IST DAS LEBEN SO SCHWER?

Kommt dir das Leben auch manchmal wahnsinnig schwer vor? »Es müsste doch auch irgendwie leichter gehen«, denkst du dir dann. Und: »Geht es nur mir so oder auch anderen? Es ist, als würde man durch Sirup schwimmen.«

Diese Gedanken drängen sich besonders dann auf, wenn der Alltag mal wieder wie ein Tornado über uns hinwegfegt oder uns tausend Verpflichtungen in ein Hamsterrad zwängen, aus dem es scheinbar kein Entkommen gibt. Denn eins steht fest: Die Anforderungen, die das Leben an uns stellt, sind wahrlich nicht klein. Im Beruf sind wir voll eingespannt und geben unser Bestes. Außerhalb davon rufen unentwegt Familie, Alltagsorganisation, Finanzen, Fitness und noch so manch andere fordernde Stimme nach uns. Stress und Hektik sind da eher die Regel als die Ausnahme. Die

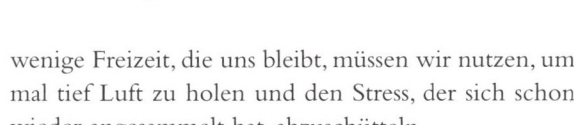

wenige Freizeit, die uns bleibt, müssen wir nutzen, um mal tief Luft zu holen und den Stress, der sich schon wieder angesammelt hat, abzuschütteln.

Dafür haben wir heute tausend Möglichkeiten. Um uns wieder in Balance zu bringen, können wir ins Kino gehen, zur Massage, zum Tanzen, wir können einen Yogakurs besuchen, ein Schweigeretreat, wir können powerwalken, saunen, waldbaden oder schick essen gehen. Am Ende aber bleiben wir meist doch auf der Couch vor dem Fernseher hängen. Denn so schön sie auch ist, die verlockend große Zahl an Möglichkeiten: Sie kann uns auch erschlagen. Sie macht das Leben nicht gerade leichter.

Dazu kommt: Wir wollen und müssen ja nicht nur in der »richtigen« Welt unseren Alltag auf die Reihe bekommen, sondern auch virtuell. In den sozialen Netzen versuchen wir, uns und unser Leben ins rechte Licht zu rücken, sodass es möglichst aufregend erscheint. Schließlich wollen wir ja nicht zurückstehen, nicht in der Anzahl der Follower, Abonnenten und Likes und schon gar nicht im Glücklichsein.

Wir jagen dem Glück hinterher. Wir leben in der Konsumlogik. Es scheint uns ganz normal, immer noch mehr haben zu wollen, immer noch mehr zu besitzen, sodass wir uns mit Dingen umgeben, von denen wir glauben, dass sie uns glücklich machen. Für eine Weile funktioniert das auch. Das schicke Paar Schuhe, der neue Laptop – die Freude direkt nach dem Kauf ist erst mal groß. Aber sie verfliegt auch schnell wieder. Dann müssen neue tolle Dinge her, um uns den nächsten Happiness-Kick zu geben. Um uns türmen sich derweil alte, abgelegte Dinge, von denen wir uns irgendwann mal mehr Freude im Leben versprachen.

Wie du aus eigener Erfahrung vermutlich weißt, ist das alles unendlich anstrengend. Gerade weil wir heute so viele Verpflichtungen haben und zugleich all die Möglichkeiten, uns zu entfalten, uns darzustellen und Alles-was-das-Herz-begehrt zu kaufen, ist das Le-

ben schwer geworden. Denn das alles kostet Zeit, frisst Energie und macht uns, wenn wir genau hinsehen, keineswegs glücklicher.

Es muss mehr Leichtigkeit in unseren Alltag. Das ist der Punkt. Das Leben ist zu komplex geworden, zu schwerfällig und zu aufgebläht mit nutzlosen To-dos und Trends. Das Glücksgefühl, das sich einstellt, wenn wir uns einfach mal treiben lassen, kennen wir kaum noch. Deshalb: Wir müssen unser Leben entschlacken, es auf das reduzieren, was uns wirklich wichtig ist. Alles andere kann weg. All die Aktivitäten, die uns schon lange nicht mehr freuen, all die Bemühungen, mit denen wir allein für unsere Fassade sorgen, all die Schleifen, die wir ergebnislos im Kopf drehen – sie können weg. Ebenso wie all die Dinge, die wir im Laufe des Lebens um uns herum angehäuft, für die wir jetzt aber keine wirkliche Verwendung mehr haben. Einfach alles Überflüssige. Innen und außen. Was dann übrig bleibt, ist die Essenz. Das Wesentliche. Das, was

uns wirklich ausmacht und unseren Kern darstellt. Das, was uns erfüllt.

Die entscheidende Frage ist nun: Wie soll das gehen? Wie entrümpeln wir unser Leben? Wohin können wir schauen, und was kann uns inspirieren, wenn es darum geht, sich auf das Wesentliche zu konzentrieren und alles Überflüssige loszulassen? Die Antwort hat drei Buchstaben: Zen.

WAS IST ZEN?

Zen heißt die in Japan vorherrschende Ausprägung des Buddhismus. Es hat eine lange Geschichte, die auf Gautama Buddha zurückgeht, der fünfhundert Jahre vor unserer Zeitrechnung in Indien lebte und als Begründer des Buddhismus gilt. Das Zen kam aber nicht direkt aus Indien nach Japan, sondern über einen Umweg: Mönche brachten diese Variante des Buddhis-

mus im zwölften Jahrhundert aus China nach Japan. In China hieß Zen Chan.

In Japan entwickelte sich der Zen-Buddhismus zu einer vollständig eigenen geistigen Lehre, mit einer bestimmten Kultur, Philosophie, Praxis und Ästhetik. Auch Menschen, die nichts mit Buddhismus oder Zen am Hut haben, haben sofort Bilder vor Augen, wenn sie gefragt werden: »Was ist Zen?« Sie sehen dann etwa im Lotossitz meditierende Mönche, Zen-Gärten aus Sand und Steinen, den mit einem Pinsel gemalten Kreis *(Ensho)*, den man auf so vielen Covern von spirituellen Büchern sehen kann ... Das alles spielt im Zen tatsächlich eine große Rolle.

Dass diese Bilder in uns aufsteigen, hängt damit zusammen, dass das Zen nicht in Japan blieb. Ab der Mitte des zwanzigsten Jahrhunderts verbreitete sich der Buddhismus in der westlichen Welt und mit ihm zusammen auch der Zen-Buddhismus. Japanische Zen-Meister gingen verstärkt in den Westen, vor allem in die USA, um die Lehre zu verbreiten. Sie hielten Vorträge, luden zum Meditieren ein, gründeten lokale Gruppen und machten das Zen so einem größeren Publikum bekannt. Auf diese Weise verbreitete es sich nach und nach in der ganzen Welt – auch in Deutschland, wo es heute in jeder größeren Stadt Zen-Gruppen gibt.

Beim Zen geht es letztlich darum zu erwachen, also die Erfahrung zu wiederholen, die Gautama Buddha vor etwa zweitausendfünfhundert Jahren machte. Nach einer langen spirituellen Suche hatte er beim Meditieren plötzlich die ultimative Einsicht in das Wesen seiner selbst und der Welt. Er erfuhr die tiefste Selbsterkenntnis, befreite sich von jeglichem Leiden und wurde so zum Buddha, zum »Erwachten«.

Die Tradition des Zen betont die Meditation als Mittel und Weg zum Erwachen. Und tatsächlich praktizieren weltweit immer mehr Menschen die Zen-Meditation, die oft einfach »Sitzen« genannt wird.

ZEN FÜR EIN LEICHTES LEBEN

Vielleicht denkst du jetzt: »Schön für Buddha und seine Anhänger. Aber was hilft mir das in meinem ewigen Stress?« Guter Einwand. Und leicht zu beantworten, denn obwohl es im Kern beim Zen darum geht zu erwachen – ein Thema, das uns hier nicht so sehr interessieren soll –, hat diese spirituelle Richtung vieles hervorgebracht, was uns das alltägliche Leben tatsächlich erleichtern kann.

In den Klöstern, in denen Zen kultiviert wird, hat sich eine Lebensweise entwickelt, die in jeder Hinsicht auf das wirklich Wesentliche und Wichtige reduziert ist. Nichts ist überflüssig, nichts übertrieben oder unmäßig. Jede Tätigkeit der Mönche hat ihren Sinn, vom Essen über das Meditieren bis zum Putzen des Klos. Das Leben der Mönche ist auf das fokussiert, was unbedingt notwendig ist, um Körper und Geist in guter Form und in Harmonie zu erhalten. Das soll es ihnen erleichtern, ihr eigentliches Ziel, das Erwachen, zu erreichen. Die »leichte« Lebensweise ist also gewissermaßen ein Nebenprodukt. Sie ist entstanden, weil sich im Leben der Mönche alles einem Hauptziel, dem Erwachen, unterordnet. Das Nebenprodukt ist dabei aber keineswegs unwichtig, die Mönche wissen genau, dass ihre Lebensweise von allergrößter Wichtigkeit für ihr Ziel ist. Also legen sie großen Wert auf die Alltagsregeln und führen sie achtsam und sorgfältig aus.

Die Mönche haben dabei keineswegs ein leichtes Leben im eigentlichen Sinne. Jeder, der schon mal eine Zeit lang in einem japanischen Zen-Kloster verbracht hat, weiß, dass das wirklich kein Zuckerschlecken ist. Jeder Tag ist in seinem Ablauf strikt geregelt, stundenlanges Meditieren ist eine große Herausforderung, und so etwas wie Freizeit gibt es eigentlich nicht. Das Leben ist extrem diszipliniert und sehr hart für jemanden, der es nicht gewohnt ist.

Und genau dieses Leben soll uns helfen, unseren Alltag zu verbessern? Klingt paradox, ist aber wahr. Das Zen kann uns tatsächlich dabei helfen, dass unser Leben reicher und schöner – und vor allem leichter – wird.

Wir können uns vom Zen inspirieren lassen, ohne natürlich alles eins zu eins zu übernehmen. In den vielen Jahrhunderten, in denen sich das Zen weiterentwickeln konnte, hat es sich immer weiter auf das Wesentliche reduziert und dabei eine Kultur der raffinierten Einfachheit hervorgebracht – und Einfachheit ist ja das, wonach wir uns heute wieder sehnen.

Eine Vorstellung davon kann dir die folgende Anekdote geben, die von Meister Rikyu, dem Tee- und Zen-Meister am Hof von Kaiser Hideyoshi im sechszehnten Jahrhundert, überliefert ist:

MEISTER RIKYU UND DIE SCHÖNHEIT
DER PRUNKWINDEN

Meister Rikyu war einer der ersten Teemeister, der
Prunkwinden kultivierte. Als sich die Kunde verbreitete, dass in seinem Garten viele dieser prachtvollen
Pflanzen blühen, ordnete Kaiser Hideyoshi eine mor-
gendliche Teezeremonie an, um sie in Ruhe betrachten zu können. Als er ankam, war jedoch keine einzige
Winde zu sehen; jede Spur von ihnen war über Nacht
sorgfältig entfernt worden. Vor Wut schnaubend betrat
der Kaiser das Teezimmer. Dort stand in einer Nische
eine einzelne, prachtvoll gefärbte Winde von exqui-
siter, atemberaubender Schönheit. Hideyoshi verstand
und war voll des Lobes für Meister Rikyu.

MINI-ZEN-RITUALE FÜR DEN ALLTAG

Die Einfachheit des Zen, die das Schlichte mit dem Praktischen und Schönen verbindet, können wir uns in vielen kleinen Alltagsdingen zum Vorbild nehmen. Es geht nicht darum, all die Verhaltensweisen der Zen-Mönche zu übernehmen, denn sie haben sich im klösterlichen Kontext entwickelt und sind dort sicher auch am besten aufgehoben. Uns hier geht es darum, dass wir uns vom Geist des Zen inspirieren lassen und einige seiner besten Ideen in unserem turbulenten Alltag nutzen, um zu mehr Balance und Gelassenheit zu finden.

Genau dafür bietet dir dieses Buch dreiunddreißig Mini-Zen-Rituale. Es sind kleine Aktivitäten, die wenig Zeit kosten und ohne Umstände in deinen Alltag integriert werden können. Sie sind vom Zen und seiner Kultur inspiriert, von seinem Minimalismus, der die Dinge auf ihre Essenz herunterbricht und damit eine ganz eigene Eleganz und Schönheit hervorbringt.

Diese Schönheit kannst du mit den Mini-Zen-Ritualen in dein Leben einladen. Jedes dieser Rituale kann dir in deinem stürmischen Alltag als eine Oase der Ruhe und des Friedens dienen, als kleine Verschnaufpause, die dich durchatmen lässt. Und dann startest du mit neuen Kräften wieder durch.

Und es gibt einen weiteren Pluspunkt: Vielleicht erscheint dir dein Leben auch manchmal wie außer Rand und Band geraten. Diese kleinen Rituale nun können es insgesamt vereinfachen und entschleunigen. Im Zen geht es im Kern darum, sich zu sammeln und ganz bei dem zu sein, was man tut. Die Mini-Zen-Rituale laden uns in diesem Sinne dazu ein, immer wieder für Momente aus dem hektischen Getriebe des Alltags, in dem wir uns nur allzu leicht verlieren, auszusteigen und ganz zu uns selbst zu kommen. So unterschiedlich sie auch sein mögen, geht es bei ihnen allen darum, sich mit Achtsamkeit sich selbst und dem momentanen Handeln zuzuwenden. Wir lernen uns

als Zentrum unseres Daseins kennen und entdecken, was für uns wirklich zählt.

Wenn auf diese Weise ein Bewusstsein dafür entsteht, was das Wesentliche in unserem Leben ist, fällt nach und nach all der Ballast von uns ab, all die ungesunden Gedanken und miesen Gefühle, all die Gewohnheiten, die uns nur ärgern, und auch die tausend Dinge in unserem Besitz, für die wir gar keine Verwendung mehr haben. Das, was wirklich zählt, rückt stattdessen in den Vordergrund: der Augenblick, den wir in all seiner Tiefe erfahren, und die Freude, die er für uns bereithält. Sie zu spüren, das bringt unserem Leben die ersehnte Leichtigkeit zurück. Jedes der dreiunddreißig hier versammelten Rituale wird zu einem kleinen Schritt auf der Reise zu mehr Lebendigkeit und Freude.

Bist du dabei? Kommst du mit mir auf diese Reise? Wenn ja, dann hier mein Vorschlag: Pick dir für den Anfang aus dem Inhaltsverzeichnis ein Mini-Zen-Ritual heraus, das dich spontan anspricht. Probier es aus und erlebe direkt, was es in dir auslöst. Vielleicht merkst du, wie du runterkommst, tiefer durchatmest und wieder eine wohlige Weite im Körper spürst. Oder du empfindest eine kleine leise Freude, wie sie sich schon lange nicht mehr gezeigt hat. Oder dein Nacken entspannt sich. Oder du denkst plötzlich neue, zuversichtliche Gedanken. Es ist so viel möglich, wenn du aktiv wirst.

Ist der Anfang gemacht, wird es dir leichtfallen, jeden Tag ein Mini-Zen-Ritual in die Tat umzusetzen. Jeden Tag ein neues – oder du bleibst für einige Zeit bei dem, was dir gleich zu Anfang so guttat. Nach wenigen Wochen wirst du mit einem völlig neuen Lebensgefühl durch den Alltag gehen. Mit einem Lebensgefühl der Leichtigkeit und Freude, Power und Gelassenheit.

33
MINI-ZEN-
RITUALE

1. EINEN MINI-ZEN-GARTEN ANLEGEN

Zu vielen japanischen Klöstern gehört ein Garten. Berühmt sind vor allem die Zen-Gärten, die aus Sand und Steinen gestaltet wurden. Der Sand wird mit einem Rechen zu Linien gezogen, die wie Wellen aussehen. Und tatsächlich soll der Sand Wasser darstellen, aus dem die Steine wie Inseln herausragen. Aber es gibt auch Zen-Gärten mit Pflanzen und Bäumen.

Ein solcher Garten hat eine ganz bestimmte Aufgabe: Er soll den Geist beruhigen und ein Gefühl der Harmonie mit der Natur herstellen. Er zeigt dem Betrachter, dass der Mensch nicht etwa über die Natur herrscht, sondern ein Teil von ihr ist.

Auch wir können uns mit der heilenden Kraft der Natur verbinden, mit ihrer Ruhe, ihrer Harmonie und ihrem Frieden. Das geht besonders einfach, wenn wir uns einen Zen-Garten anlegen. Keine Sorge: Dafür braucht es nicht viel. Weder einen eigenen Garten noch einen Balkon. Ein Fensterbrett mit ein wenig Licht genügt bereits.

Vielleicht hast du ja schon ein paar Zimmerpflanzen, die du neu gruppieren und so zu einem Zen-Garten umgestalten möchtest. Auf einem Balkon oder in einem eigenen Garten stehen dir gestalterisch natürlich noch mehr Möglichkeiten offen. Die Mindestanforderung für einen Mini-Zen-Garten ist jedoch einfach nur eine Pflanze. Das kann sogar ein einzelner kleiner Kaktus sein. Diese Pflanze oder Pflanzengruppe ist nun nicht mehr nur dafür da, deine Wohnung zu dekorieren und ein wenig Grün hineinzubringen. Wenn du es willst, ist es dein persönlicher Mini-Zen-Garten – jederzeit für dich da als ein Pool der Ruhe und der Kraft.

Kümmere dich gut um ihn, achte darauf, dass alle seine Bedürfnisse nach Licht, Nahrung und Wasser gestillt sind, sodass er gedeihen kann. Investiere jeden Tag ein wenig Zeit, um zu schauen, wie es ihm geht – sieht er frisch und munter aus, oder hängen die Blätter, weil es an Wasser fehlt? Fühle dich in die Pflanzen ein, streife (wenn es nicht gerade ein Kaktus ist) über ihre Blätter. Sprich vielleicht sogar freundlich mit ihnen. Auf diese Weise baust du eine enge Beziehung zu diesem Stück Leben auf.

Diese Beziehung ist der Schlüssel, um Kraft aus deinem Mini-Zen-Garten zu schöpfen. Denn wenn du dich jeden Tag kurz mit ihm beschäftigst, kommt diese Fürsorge bei ihm an. Er ist dankbar für die liebevolle Zuwendung und wird deshalb gern auch für dich da sein.

Wenn es dir schlecht geht, deine Laune am Boden ist oder du dich lustlos fühlst – geh ganz bewusst zu deinem Mini-Zen-Garten, lass deine Augen auf dem Grün der Pflanzen ruhen und betrachte die harmonischen Formen der Natur. Vielleicht spürst du jetzt ganz besonders die Freundschaft, die ihr miteinander teilt. Natürlich, du bist ein Mensch, und dein Mini-Zen-Garten besteht aus Pflanzen, doch euch beide verknüpft ein Band, für das diese Unterschiede keine Rolle spielen: das Band des Lebens.

Über dieses Band schickt dir dein Zen-Garten in trüben Augenblicken Kraft, Mut und Hoffnung. Dafür musst du gar nichts Bestimmtes tun. Sei einfach da, sei mit ihm und bei ihm. Lass deinen Geist still werden, atme ruhig und mit einem offenen Herzen. Ganz von selbst kannst du dabei vergessen, was dich belastet. Lass die dunklen Gedanken und Gefühle los und erlaube stattdessen dem hoffungsvollen Grün deines Zen-Gartens in dein Herz einzuziehen. Kannst du es spüren?

2. ÖFTER BARFUSS GEHEN

Stell dir vor, du würdest deine Hände den ganzen Tag in Handschuhe stecken. Das wäre weder bequem noch praktisch, oder? Aber wir tun es: mit unseren Füßen!

Unser ganzes Leben lang bringen uns die Füße von einem Ort zum anderen, und die meiste Zeit über befinden sie sich dabei in Socken und in Schuhen – wie in einem Käfig. Höchste Zeit, sie da öfter mal herauszuholen, indem wir barfuß gehen, zu Hause, auf einer Wiese, im Park oder Garten. Unsere Füße freuen sich und sind uns dankbar – und für uns eröffnet sich plötzlich eine neue Welt des Spürens.

Also: Schuhe und Socken weg. Und dann geh langsam Schritt für Schritt. Was nimmst du wahr? Fühlt sich der Boden weich oder hart an, warm oder kalt, feucht oder trocken? Geh auf unterschiedlichen Oberflächen, auf Gras, Sand, durch Pfützen. Und auch auf spitzen Kieselsteinen – es darf ruhig ein wenig piken.

Wenn du draußen barfuß gehst, dann versuch nicht nur die Oberfläche zu spüren, sondern auch mal ein Gefühl für die Schwere und die Größe der Erde zu entwickeln. Auch wenn es schwer zu glauben ist: Wenn wir wollen und wirklich aufmerksam sind, können wir die ganze Erde, den Planeten, unter unseren Füßen spüren.

Wenn wir so ein Gefühl für die Erde als Ganzes bekommen, auf der sich alles abspielt, was in unserem Leben von Bedeutung ist, dann sind wir wirklich geerdet. Wir wissen, wo wir stehen und wer wir sind: ein Teil der Natur.

Unser körperliches, geistiges und seelisches Wohlbefinden hängt wesentlich davon ab, ob wir uns an diese einfache Wahrheit erinnern. Vergessen wir sie, dann fühlen wir uns, als ob wir ziellos und wahllos im Chaos umherschwirren.

Der Zen-Buddhismus betont die Verflechtung aller Dinge und Lebewesen: Nichts auf der Welt existiert für sich allein wie im luftleeren Raum. Alles hängt

voneinander ab und beeinflusst sich gegenseitig. Auch wir sind Teil eines größeren Ganzen – und es gibt keinen besseren Weg, das zu erkennen, als mit unseren nackten Füßen auf der bloßen Erde zu stehen und zu gehen. Denn so können wir es wirklich fühlen.

3. MEISTERSCHAFT IN KLEINEN DINGEN

Es lohnt sich, in kleinen Tätigkeiten des Alltags Perfektion zu entwickeln und zum Beispiel den vollkommenen Pfannkuchen zu backen, die T-Shirts im Schrank akkurat zu stapeln, jede E-Mail fehlerfrei und freundlich zu formulieren oder die Fenster absolut schlierenfrei zu putzen.

Die Vorstellung, etwas Einfaches so gut wie möglich zu machen, ist tief im Zen verankert. Wenn Mönche zum Beispiel ihr Kloster putzen, dann führen sie diese Tätigkeit mit der allergrößten Sorgfalt und Hingabe aus. Sie geben ihr Bestes – selbst beim Toilettenschrubben.

Von dieser Haltung können wir uns inspirieren lassen. Wir können versuchen, es in kleinen, klar begrenzten Bereichen zur Meisterschaft zu bringen. Das ist ohne Weiteres möglich. Die meisten von uns können sicherlich kein Klaviervirtuose werden, aber wir können in kleinen Dingen relativ schnell wahre Könnerschaft erreichen.

Das hat viele Vorzüge. Wir erweitern beispielsweise unseren Horizont, wenn wir unsere Fertigkeiten und unser Wissen stetig vergrößern – auch wenn sie nur auf ein kleines Gebiet beschränkt sind. Diese »Inseln des Könnens« sind dann der Ausgangspunkt, um nach und nach unser Repertoire zu erweitern. Du willst beispielsweise tanzen lernen? Wieso nicht mit dem Salsa-Grundschritt beginnen? Das ist nicht allzu schwer und der perfekte Startpunkt dafür, tiefer in die Welt des Tanzes einzudringen.

Beherrschen wir viele kleine Dinge, bekommen wir eine gesunde Einstellung zu unseren Fähigkeiten und Möglichkeiten. Wir haben keine Angst davor, etwas Neues zu lernen, sondern eignen uns eine Haltung der furchtlosen Neugier an. Wir leben nach dem Motto: »Nur her mit dem Neuen, ich habe keine Angst davor, meine Potenziale zu entfalten.«

Dann wissen wir auch, wie viel Spaß es macht, unser Können in kleinen Dingen auf Hochglanz zu polieren. Wenn wir uns vornehmen, Schach-Großmeister zu werden, dann ist Frust vorprogrammiert. Die Latte liegt einfach zu hoch. Sich dagegen vorzunehmen, einen wirklich schönen Schal zu stricken, ist realistisch. Das können wir schaffen: Wir lernen erst die Basics im Umgang mit Stricknadeln und Wolle, probieren ein bisschen herum und sind bald bereit für unseren Schal. Wenn das fertige Stück dann vor uns liegt, ist das Erfolgsgefühl einfach nur wunderbar. Nichts ist schöner und bestätigt uns selbst mehr, als wenn wir uns ein Ziel setzen und es dann auch erreichen.

Überlege dir, was du bereits richtig gut kannst, und feile weiter daran, bis es dir wirklich perfekt gelingt. Such dir dann die nächste kleine Sache, die du zur Perfektion bringen willst. Wenn du einmal damit begonnen hast, kannst du sicher ohnehin nur schwer wieder damit aufhören. Werde zum Meister der kleinen Dinge!

4. DAS BETT MACHEN

Der beste Start in den Tag ist so einfach, dass man es kaum glauben kann: sein Bett machen. Dieses simple, keine fünf Minuten in Anspruch nehmende Ritual ist unfassbar kraftvoll und wirkungsvoll. Denn es strukturiert unseren Alltag und lässt uns den Tag mit einem guten Gefühl beginnen.

Im Zen-Kloster wachen die Mönche vom Klang der Tempelglocke auf – und ihr erster Akt des Tages ist es, ihr Bett zu machen. Oder das, was in Japan als Bett gilt, denn die Mönche schlafen direkt auf dem Boden, auf dem Tatami-Matten ausgebreitet sind. Darauf wiederum liegt eine *shiki-buton* genannte Schlafunterlage. Diese wird nach dem Aufstehen zusammen mit der Bettdecke, *kake-buton*, zusammengerollt und in einem Schrank verstaut. Von der Schlafstätte ist nun nichts mehr zu sehen, erst am Abend kommt sie wieder zum Vorschein, wenn das »Bett« erneut auf dem Boden ausgerollt wird.

Was soll nun daran so spektakulär sein, als Erstes am Tag Decke und Kissen aufzuschütteln, ordentlich zu drapieren und das Laken glatt zu streichen? Ganz einfach: Egal, was der Tag noch bringen mag, ein gemachtes Bett ist der erste, schon sichere Pluspunkt, um sich am Abend sagen zu können: »Das war ein guter Tag.«

Das Bett direkt nach dem Aufstehen zu machen ist als Mini-Zen-Ritual ideal dafür geeignet, um uns perfekt auf den Tag einzustimmen: Der Wecker klingelt, ein neuer Tag bricht an, wir reiben uns den Schlaf aus den Augen und stehen auf. Das Bett ist unordentlich und zerwühlt. Es gibt Zeugnis ab von der Nacht und vom gestrigen Tag, den wir mit in den Schlaf genommen haben. Jetzt aber beginnt ein neuer Tag. Dieses Neue, Verheißungsvolle, Frische können wir uns am besten vor Augen führen, wenn wir unser Bett »auffrischen« und wieder in einen makellosen Zustand bringen.

Nimm dir dafür ein wenig Zeit. Es geht nicht darum, das Bett hektisch herzurichten, sodass es wieder einigermaßen zivilisiert aussieht. Mach es vielmehr mit Aufmerksamkeit und Liebe wieder zu dem Ort, wo du gern die Nacht verbringst. Du schüttelst Kissen und Bettdecke aus, am besten an der klaren Morgenluft, sodass sich alles frisch und sauber anfühlt. Das Bettlaken streichst du glatt, bis keine Falte mehr zu sehen ist. Kissen und Decke ordnest du auf dem Laken so an, dass es für dich stimmig, schön und sauber aussieht. Diese Reinheit des gemachten Bettes ist die Reinheit des Zen.

Du wirst es kaum glauben, doch wenn du dein Bett auf diese Weise jeden Morgen herrichtest, transformierst du nachhaltig dein Leben. Schließlich beginnst du dann jeden Tag damit, aus Chaos Frische und Ordnung zu machen. Das ist ein richtig gutes Gefühl. Schon am Morgen hast du das Gefühl, etwas geschafft und dir selbst etwas Gutes getan zu haben. Du bist bereit für den Tag und alles, was er mit sich bringt. Denn so stressig, schwer und anstrengend er vielleicht auch werden sollte, du hast die beruhigende Gewissheit, dass zu Hause ein Bett wartet, das einladender nicht sein könnte. An diesem Punkt ist die Welt auf jeden Fall in Ordnung.

ES WIRD VERGEHEN

Ein Schüler wandte sich an seinen Meditationslehrer und sagte: »Meine Meditation ist schrecklich! Ich bin abgelenkt oder meine Beine schmerzen oder ich schlafe ein. Es ist einfach schrecklich!«

»Es wird vergehen«, sagte der Lehrer nüchtern.

Eine Woche später kam der Schüler wieder zu seinem Lehrer. »Meine Meditation ist wundervoll! Ich fühle mich so bewusst, friedlich und lebendig. Es ist einfach wundervoll!«

»Es wird vergehen«, antwortete der Lehrer nüchtern.

5. UMWEGE DURCHS
GRÜNE NEHMEN

Der kürzeste und schnellste Weg ist nicht immer der beste. Einen Umweg zu nehmen ist häufig die bessere Wahl. Er kostet uns zwar ein paar Minuten mehr, ist dafür aber womöglich entspannter und genussvoller.

Wenn wir von A nach B wollen, nehmen wir normalerweise die kürzeste Strecke, die uns am schnellsten zum Ziel bringt. Da brauchen wir gar nicht lange zu überlegen, wir wählen diese Strecke ganz automatisch, denn unser Denken ist von Kategorien wie Zeit, Geschwindigkeit und Effizienz geprägt. In unserer hastig gewordenen Welt wäre es merkwürdig, jemanden zu treffen, der nicht so denkt.

Vielleicht bedeutet das für dich, dass du auf dem kürzesten Weg zur Arbeit zehn Minuten lang an einer vielbefahrenen Straße entlanglaufen musst. Es ist laut, es stinkt, die vorbeibrausenden Autos verbreiten Hast und Hektik. Die zehn Minuten an dieser Straße genügen, um deinen Stresspegel schon am Morgen gehörig in die Höhe schießen zu lassen. Gleichzeitig wandert die Laune in den Keller. Und das, bevor du auch nur einen Fuß in dein Büro gesetzt hast, wo vermutlich schon Stress genug auf dich wartet. Schlimmer noch: Die einmal ausgeschütteten Stresshormone kursieren noch stundenlang in deinem Blutkreislauf. Das ist wirklich kein erstrebenswerter Start in den Arbeitstag – und das, obwohl der Weg zur Arbeit vermeintlich der optimale, weil kürzeste, war.

Besser ist es in so einem Fall, einen Umweg in Kauf zu nehmen. Vielleicht läufst du dann fünfzehn Minuten, dafür aber durch kleine nette Gassen oder ein ruhiges Wohngebiet. Wenn du eine solche Möglichkeit hast, solltest du sie unbedingt nutzen. Vielleicht führt dein etwas längerer Weg durch weitläufige Alleen oder sogar durch einen Park, der dich mit frischer Luft, freundlichem Licht und dem Zauber der jeweiligen

Jahreszeit empfängt. Dann erreicht dich keine Ladung Stresshormone, sondern das Gegenteil: Glückshormone purzeln durch deinen Körper, aufgetankt und gut gelaunt kommst du am Schreibtisch an. Der Arbeitsweg ist ab sofort etwas, worauf du dich freuen kannst und hört endlich auf, ein nervenaufreibendes Abgasaufnehmen zu sein.

Der scheinbare Zeitverlust wird wettgemacht durch etwas, was man schwer mit Geld aufwiegen kann: pure Lebensqualität. Schon die Entscheidung, einen anderen Weg als den kürzesten zu nehmen, ist dabei in seiner Tragweite nicht zu unterschätzen. Du entziehst dich damit nämlich bewusst dem Diktat der Effizienz, der Dauerverpflichtung und der Eile.

An ihre Stelle rückst du dich selbst und dein Wohlbefinden. Dieser Bewusstseinswandel ist ungeheuer wertvoll, denn er ist eine kraftvolle Botschaft an dich selbst: Du bist es dir wert, einen Umweg zu machen. Du zählst.

Die Wahl, einen Umweg zu nehmen, weil er ent-spannter und ruhiger ist, wird damit zu einer radika-len Entscheidung zu deinen Gunsten. Wann immer du also die Wahl hast: Wähle den Weg, der dir guttut. Und mach aus einem Umweg ein Mini-Ritual: Geh ihn bewusst und genieße das Geschenk, das du dir damit selbst machst.

6. WENIGER DINGE BESITZEN

»Eine Schale und ein Gewand« – von alters her gibt es in Japan diesen Spruch, der alles aufzählt, was ein Zen-Mönch besitzen sollte. Eine Schale, mit der er Nahrung erbetteln gehen kann, und ein Gewand, um die eigene Blöße zu bedecken und sich vor den Elementen zu schützen. Mehr nicht.

Zen-Mönche sind mit diesem Ideal von Besitz also wahre Minimalisten. Sie haben erkannt: Man braucht nicht wirklich viel zum Leben, im Grunde genügt es, wenn man etwas zum Essen und zum Anziehen hat. Auch wenn diese Einstellung aus unserer Perspektive ein wenig extrem sein dürfte – immerhin sind wir ja auch keine Mönche –, kann sie uns dazu anregen, über unser Verhältnis zu Besitz und zu den Dingen, mit denen wir uns umgeben, nachzudenken. Denn eines steht fest: Fast alle von uns haben viel zu viel. Und darunter sind nicht wenige Dinge, die wir gar nicht

wirklich brauchen und in die wir trotzdem Zeit, Energie, Aufmerksamkeit und Geld investieren.

Mit der Zeit sammeln sich alle möglichen Sachen in unserem Leben an – die Fotoausrüstung, die wir vor Jahren einmal anschafften und dreimal benutzten, bevor sie zum Staubfänger wurde; die Bücher, die wir schon lange ausgelesen haben und von denen wir wissen, dass wir sie nie wieder in die Hand nehmen werden; das gute Geschirr, das wir ja doch nie nutzen. Irgendwann hatten diese Gegenstände einen Sinn für uns, wir haben uns aktiv mit ihnen beschäftigt. Doch jetzt nehmen sie uns nur noch wertvollen Platz in unserer Wohnung weg. Sie sind zu Ballast geworden.

Wieso haben wir überhaupt so viele Dinge? Das hängt damit zusammen, dass wir uns gern über unseren Besitz definieren und unseren Wert in der Gesellschaft und als Mensch von dem abhängig machen, was wir haben. Das kommt nicht von ungefähr: Wir werden rund um die Uhr mit Werbung bombardiert, die uns glauben machen will, dass wir dies und das brauchen, um uns glücklicher, schöner, gesünder, kultivierter, sexyer und was nicht noch alles zu fühlen.

Also kaufen wir Dinge, von denen wir uns diese Qualitäten versprechen. Aber wie wir alle wissen, funktioniert die Gleichung allenfalls für eine kurze Zeit. Denn – die teure Handtasche, die tolle Uhr, der extraschnelle Laptop – der Reiz des Neuen verfliegt schnell. Und so halten wir schon nach neuen Dingen Ausschau, die uns wieder für eine kurze Zeit einen Happiness-Kick geben sollen.

Diese Konsumspirale führt unweigerlich dazu, dass wir mit der Zeit immer mehr Dinge um uns herum lagern. Diese wenden sich aber irgendwann regelrecht gegen uns: Wir werden zu Sklaven unserer Besitztümer, die uns Zeit und Energie für ihre Unterhaltung abzapfen. Das kann sogar so weit gehen, dass wir uns in unserem Besitz verlieren. Dann wird das, was uns

eigentlich das Leben erleichtern sollte, zu einem unangenehmen Hemmschuh.

Der Zen-Buddhismus ruft uns dazu auf, unser Verhalten auch in diesem Lebensbereich zu durchschauen
und zu ändern. Wir können uns vornehmen, nur noch
das in unser Leben zu lassen, was wir wirklich brauchen, und uns von dem zu trennen, wofür wir keine
Verwendung mehr haben.

Es geht also darum, Ballast abzuwerfen und von
Grund auf auszumisten. Kaum etwas dürfte dein Leben mehr erleichtern. Und es geht dabei auch nicht
darum, dass du am Ende nur noch »eine Schale und
ein Gewand« besitzt. Aber als Richtung ist dieses Bild
der Mönche ganz nützlich. Fang also an, dich zu fragen: »Was brauche ich wirklich, und was kann weg?«

Oftmals erkennst du dabei sehr schnell, welche
Dinge unnütz geworden sind. Dennoch kann es dir
schwerfallen, dich von ihnen dann auch zu trennen.
Das hängt mit der Funktion zusammen, die sie für

dich erfüllen: Vielleicht identifizierst du dich mit deinem Besitz und glaubst, dass er dich als Mensch bereichert. Wenn dich beispielsweise viele Bücher umgeben, die du kaum noch zur Hand nimmst, dann können sie ein Zeichen dafür sein, dass du gebildet und intellektuell wirken möchtest. Nach außen hin funktioniert das natürlich auch. Jeder Besucher, der zum ersten Mal in deine Wohnung kommt, wird beim Anblick deiner vollen Bücherregale denken: »Aha, hier lebt ein Mensch, der liest. Der hat vermutlich einiges im Kopf.«

Fast alle Dinge, die wir besitzen, erfüllen eine derartige Funktion für unser Selbstbild. Dabei sollten wir aber eines klar erkennen: Wir beschränken uns auf diese Weise. Denn wir sind viel mehr als das, was wir besitzen. Unser tiefstes Sein wird in keiner Weise von dem berührt, was wir haben. Wenn wir das einmal erkannt haben, fällt es uns viel leichter, uns von Ballast zu trennen.

Mach dir ein Mini-Ritual daraus, täglich ganz bewusst ein paar Gegenstände auszusortieren. Hier ein paar Tipps, die dir das Ausmisten erleichtern können.

- Beginne mit den Sachen, bei denen es offensichtlich ist, dass sie unnötigen Ballast darstellen: alte Zeitschriften, lange abgelegte Klamotten, die im Kleiderschrank still vor sich hin stauben, Krimskrams aus der Vergangenheit.
- Fang klein an: Wirf an einem Tag deine durchgelaufenen Flip-Flops weg, am nächsten Tag deine löchrigen Sneakers. Wenn du dich langsam steigerst, kannst du dich auch bald an den längst aus der Mode gekommenen Wintermantel machen, den du sowieso nie getragen hast.
- Wirf die Dinge achtsam weg. Spüre, was für ein erleichterndes Gefühl es ist, sich von Sachen zu trennen, für die du keine Verwendung mehr hast. Auf diese Weise lernst du, dass Wegwerfen eine schö-

ne, heilsame und Freude machende Tätigkeit ist. Je mehr und öfter du etwas aus deinem Besitz loslässt, umso leichter wird dir das Wegwerfen fallen.

- Es muss keinesfalls alles in den Müll wandern: Verschenke schöne Dinge, verkaufe oder spende Gegenstände, die noch einen Wert haben. Dann haben noch andere Menschen etwas davon, und das Aussortieren fällt dir noch mal leichter.

7. DEN TANZ DER REGENTROPFEN SPÜREN

Regen ist schön! Und Nasswerden macht Spaß. Als Kinder wussten wir das alle und wurden nicht müde, in Pfützen zu springen und uns über unsere regennassen Haare zu freuen. Doch das ist lange her. Als Erwachsene meiden wir das Nass meist, wo wir nur können. Dabei ist Regen immer noch schön. Und Nasswerden macht immer noch Spaß.

Zeit, uns wieder daran zu erinnern! Und gleichzeitig eine gute Gelegenheit, uns neu mit unserem inneren Kind zu verbinden und zu lernen, mit wachen Sinnen ganz im Augenblick zu sein.

Wenn du das nächste Mal zu Fuß unterwegs bist und ein paar Tropfen vom Himmel fallen, dann zücke nicht gleich den Schirm. Du musst ja nicht unbedingt warten, bis du wie ein begossener Pudel aussiehst (und auch das kann manchmal richtig toll sein). Aber ein paar Tropfen können wirklich nicht schaden. Im Gegenteil. Sie schenken dir ein besonderes Spürerlebnis. Sie lassen dich den Regen überall dort fühlen, wo deine Haut nicht von Kleidung bedeckt ist. Gerade weil der restliche Körper nicht nass wird, spürst du das Wasser dort, wo es dich berührt, ganz intensiv.

Nimm alles aufmerksam wahr. Wie fühlt sich der Regen an? Versuche, ihn mit allen Sinnen zu erleben: Kannst du den Aufprall der einzelnen Tropfen auf der Haut ausmachen, oder sind es so viele, dass sie sich vermischen? Spürst du die Nässe, fühlt sie sich warm oder eher kalt an? Wie riecht der Regen? Vielleicht ist es ein Sommerregen, und es verbreitet sich der typische Geruch, der an Freiheit und Lebensfreude erinnert.

Erlaube dir, das Nasswerden wie ein Kind zu genießen. Im Zen geht es immer auch darum, die Welt ohne vorgefertigte Schablonen mit frischen Augen zu sehen und zu erfahren. Den Regen in kindlicher Freude zu erleben, ist ein guter Weg, dies zu üben.

DER MOND, DER NICHT ZU VERSCHENKEN IST

Ryokan, ein Zen-Meister und Dichter, lebte ein einfaches Leben in einer kleinen Strohhütte am Fuß eines Berges. Eines Abends besuchte ein Dieb die Hütte, nur um herauszufinden, dass es hier nichts zu stehlen gab.

Ryokan kam nach Hause und traf auf den Dieb, »du bist einen langen Weg gegangen, um mich zu besuchen«, sagte er zu ihm. »Du sollst nicht mit leeren Händen gehen. Bitte nimm meine Kleidung als Geschenk.«

Der Dieb wunderte sich. Er nahm die Kleidung und schlich davon.

Ryokan saß nackt im Eingang seiner Hütte und betrachtete den Mond. »Armer Kerl«, ging es ihm durch den Kopf, »ich wünschte, ich hätte ihm diesen wundervollen Mond geben können.«

8. AUFHÖREN, SICH
ZU VERGLEICHEN

Wir neigen dazu, uns ständig mit unseren Mitmenschen zu vergleichen: »Er kann das besser als ich.« »Sie sieht besser aus, ist besser angezogen, schlanker.« »Die haben eine viel größere Wohnung, verdienen mehr, sind klüger, beliebter.« Die Beispiele ließen sich endlos weiterführen – denn die Bereiche, in denen wir uns mit anderen vergleichen, sind grenzenlos.

So verbreitet die Gewohnheit des Vergleichens ist, so unnütz ist sie. Denn wir können beim Vergleichen nur verlieren, es geht gar nicht anders. Bei einer Erdbevölkerung von etwa acht Milliarden wird es immer Menschen geben, die uns in einer Sache voraus sind. Schon aus rein statistischen Gründen kommen wir also nicht umhin, beim Vergleichen Nieten zu ziehen. Mit dem Resultat, dass wir uns minderwertig und mies fühlen.

Sicher, manchmal scheinen wir auch zu gewinnen. Dann vergleichen wir uns mit jemanden, den wir in einem bestimmten Bereich hinter uns lassen. Doch auch dadurch gewinnen wir nichts. Denn es passiert nichts weiter, als dass wir im Triumph künstlich unseren Selbstwert aufblasen … bis die Blase platzt und wir uns genauso schlecht wie am Anfang fühlen. Was wir derweil außerdem verspielt haben, ist das Verbundenheitsgefühl zu dem anderen Menschen.

So oder so – Vergleichen ist ein sicherer und schneller Weg, unglücklich zu werden. Besser man lässt es von Anfang an bleiben. Dieser Ratschlag wird auch immer wieder von den Zen-Meistern in den japanischen Klöstern erteilt. Denn innerhalb ihrer Schülerschaft herrscht oftmals ein ausgeprägter Konkurrenzkampf, wer die schnellsten Fortschritte in spiritueller Hinsicht macht. Die Zen-Meister wissen aber, dass sich jeder Schüler in seiner ureigenen Weise und Geschwindigkeit entwickelt und dass Vergleichen nicht nur nichts bringt, sondern auch die Einzigartigkeit jedes Mönches untergraben würde.

Du willst dich trotz allem weiterhin vergleichen? Auch weil du findest, dass es viel zu schwierig ist, das Vergleichen komplett sein zu lassen? Wie wäre es dann mit folgendem Vorschlag für ein Mini-Zen-Ritual: Wann immer du merkst, dass du dich mit jemand anderem vergleichst, stoppe das sofort. Such dir dann etwas – aus dem gleichen Lebensbereich oder irgendeinem anderen –, wo du dich mit dir selbst vergleichen kannst. Schau dir dein heutiges Ich an und vergleiche es mit dem von gestern, vor einem Jahr oder vor zehn Jahren.

Auf diese Weise werden nicht andere zum Maßstab, sondern du misst dich an dir selbst und am Grad deiner Entwicklung. Das ist die einzig sinnvolle Art, Vergleiche anzustellen, weil sie dir zeigt, wie du dich weiterentwickelt und welche Fortschritte du gemacht hast.

Frage dich also beispielsweise nicht, ob du bei der Arbeit bessere Präsentationen vorstellst als dein Kollege. Sondern lieber, ob du heute geübter darin bist als in der Vergangenheit – kannst du heute die Sachverhalte besser vermitteln, souveräner vor anderen sprechen und sie leichter von einer Sache überzeugen?

Wenn wir uns selbst zu unserem ureigenen Maßstab machen, erkennen wir, in welchen Bereichen wir Fortschritte erzielt haben. Das fühlt sich gut an. Und wir erkennen auch, wo noch Luft nach oben ist. Das kann ein prima Motivationsschub sein. Der Vergleich mit uns selbst ist also bei Weitem der aussagekräftigste, gesündeste und konstruktivste. Probier es aus!

9. MIT DER HAND SCHREIBEN

In Japan sind die Kalligrafien von Zen-Meistern berühmt. Die mit Tusche und Pinsel ausgeführten Schrif-
ten und Zeichnungen von großen Meistern der Vergangenheit werden wie Staatsschätze gehütet, die für
kein Geld der Welt zu verkaufen sind.

Ein häufiges Motiv und geradezu ein Symbol für
das Zen ist der sogenannte *Ensho*: ein Kreis, der in einem Schwung gezeichnet wird und manchmal noch
ein wenig offen steht. Er symbolisiert die Leere und
damit auch das reine Bewusstsein, das im Buddhismus
eine wichtige Rolle spielt.

In Japan glaubt man seit jeher, dass die Schrift eines Menschen sehr viel über ihn aussagt. In ihr spie-
gelt sich der Charakter wider – und nicht nur das:
Auch die Tiefe der spirituellen Verwirklichung eines
Zen-Meisters glaubt man an der Form und dem Ausdruck eines von ihm gezeichneten *Ensho* ablesen zu

können. Kein Wunder also, dass in Japan den Zen-Kalligrafien vergangener Meister so viel Ehrerbietung entgegengebracht wird.

Auch wir können unsere Einzigartigkeit und Individualität ausdrücken, wenn wir mit der Hand schreiben. Dazu brauchen wir nicht mal Tusche und Pinsel wie die Zen-Meister – ein Stift, ein Kuli oder am besten ein Füllfederhalter tut es auch. Lass diese schöne Art, dich zu zeigen, wieder aufleben.

Heute fragen wir uns oft: Wieso mit der Hand schreiben, wenn man auch Rechner, Tablet oder Smartphone nutzen kann? Eine E-Mail ist viel schneller fertig als ein handgeschriebener Brief, den man erst mühsam aufs Papier bringen muss, dann hat man noch die Blätter zusammenzufalten, in ein Kuvert zu stecken, das zu adressieren, eine Briefmarke zu kaufen und alles zum Briefkasten zu bringen. Ewig umständlich.

Braucht es also wirklich noch das Schreiben mit der Hand? Ja! Unbedingt! Nichts ist so persönlich wie eine handgeschriebene Notiz, eine Karte oder ein Brief. Indem wir uns hinsetzen und uns bewusst die Zeit nehmen, etwas mit der Hand zu schreiben, weisen wir dem Geschriebenen automatisch einen Wert zu, der es zu etwas Besonderem macht.

Dabei fließt nicht nur unser Charakter in unsere Schrift ein. Wie die Wissenschaft heute weiß, sind beim Schreiben mit der Hand mehr Gehirnareale aktiv als beim Tippen auf einer Tastatur. Man schreibt, assoziiert und denkt also anders, wenn man einen Stift in der Hand hat. Nicht umsonst haben viele Menschen das Gefühl, dass es ihnen beim Schreiben mit der Hand leichter fällt, sich authentisch auszudrücken. Dazu kommt, dass das Schreiben mit der Hand entschleunigt. Wir kommen zu uns und in den gegenwärtigen Moment. Wir spüren wieder stärker unser Leben.

Gute Gründe also, wieder öfter zu Stift und Papier zu greifen! Mach dir ein kleines Ritual daraus, lieben Menschen etwas Handgeschriebenes zu schicken.

10. WENIGER ZUCKER ESSEN

Es ist sehr interessant, japanischen Zen-Mönchen beim Essen zuzuschauen – und vielleicht nicht ganz so, wie man sich das vorstellen würde. Denn dem Essen wird im Kloster keine besondere Aufmerksamkeit geschenkt: Es wird in keiner Weise zelebriert, sondern dient einfach dazu, das körperliche Bedürfnis nach Nahrung zu stillen.

Die Mönche essen in einer Reihe sitzend, schweigend, achtsam und bewusst, dabei aber relativ schnell, denn die Essenszeit ist begrenzt. Die Gerichte sind einfach und vegetarisch, damit so wenige Lebewesen wie möglich für die Nahrung der Menschen leiden müssen. Während des Essens hört man nur das Klappern der *Ohaschi* genannten Essstäbchen und Schlürfgeräusche (lautes Schlürfen gehört in Japan zum guten Ton). Nach dem Essen wird aus denselben Schalen, aus denen gegessen wurde, grüner Tee getrunken, sodass der Abwasch auch schon fast erledigt ist.

Man sieht: Es geht recht pragmatisch zu bei den Mönchen. Irgendwie das genaue Gegenteil von dem, wie wir meist mit unserer Nahrung umgehen. Denn wir essen in unserer Luxus-, Überfluss- und Konsumgesellschaft vor allem für den Genuss.

Besonders deutlich wird das beim Zucker: Wir lieben ihn! Eis, Schokolade, Kuchen, Süßigkeiten aller Art – sie sind für viele von uns die Antwort auf alle Lebenslagen: Der kleine Hunger zwischendurch? Süßigkeiten! Stress auf der Arbeit? Süßigkeiten! Langeweile? Süßigkeiten! Der Hund ist weggelaufen? … Du kennst die Antwort. Was immer auch das Problem ist – Süßigkeiten sollen uns darüber hinwegtrösten. Gedankenlos stopfen wir sie in uns hinein.

Tatsächlich verschafft uns das einen Gute-Laune-Kick, da der Blutzuckerspiegel rasant ansteigt. Aber diese Wirkung hält nicht lange an. Denn genauso steil, wie die Blutzuckerkurve ansteigt, fällt sie kurze Zeit später auch wieder ab. Dann fühlen wir uns mindestens so schlecht wie vorher und rufen nach der nächsten süßen Droge. Unsere Gedanken wandern unweigerlich wieder in Richtung Schokolade, Eis & Co., und der Kreislauf beginnt von Neuem.

Was wir da betreiben, ist das Gegenteil einer bewussten Nahrungsaufnahme, wie sie von den Zen-Mönchen praktiziert wird. Dabei ist eines klar: Nach dem heutigen Stand der Wissenschaft gehört raffinierter Zucker, wie er vor allem in Süßigkeiten zuhauf zu finden ist, mit zum Ungesündesten, was man überhaupt zu sich nehmen kann. Und: Wir alle essen zu viel davon.

Gute Gründe, um sich eine Scheibe vom achtsamen Essverhalten der Zen-Mönche abzuschneiden. Mach dir ein Ritual daraus, dich wenigstens einmal pro Tag davon abzuhalten, etwas Süßes zu essen. Wenn der Appetit kommt, kannst du in das Bedürfnis hineinspüren, es ganz bewusst wahrnehmen – und dann eine gesündere Alternative wählen: Nüsse vielleicht, etwas Obst oder eine Möhre. Vielleicht ist auch ein kleiner Spaziergang angesagt. Probier aus, was für dich funktioniert. Und spüre, wie befriedigend es sich anfühlt, gut für sich zu sorgen.

SCHMUTZIGE ARBEITEN

Meister Tosui war gerade dabei, den Gemüsegarten des Klosters mit Stallmist zu düngen. Meister Sengan, der im Kloster zu Besuch war und Tosui bei dieser Arbeit sah, ermahnte ihn wütend: »Wie kann ein buddhistischer Mönch eine so schmutzige Arbeit verrichten und dabei Exkremente mit bloßen Händen berühren? Hört auf der Stelle damit auf!«

Doch Meister Tosui erwiderte gelassen: »Wenn das so wäre, könnte man sich ja nicht einmal den eigenen Hintern abputzen. Doch benutzt nicht jeder die gleichen Hände, mit denen er sich den Allerwertesten säubert, auch zum Beten? Ich habe noch nie gehört, dass sich ein Buddha daran gestoßen hätte. Und den Gemüsegarten zu düngen ist noch nicht einmal so schmutzig wie sich den Hintern abzuwischen. Ich dünge jetzt weiter, denn die Auberginen sehen etwas mager aus.«

11. NEIN SAGEN, WENN MAN NEIN MEINT

Eines der hervorstechendsten Merkmale aller Zen-Meister ist ihre Authentizität. Sie wird in Anekdoten wieder und wieder beschrieben. Ohne Kompromisse einzugehen, handeln diese Menschen aus ihrem Herzen heraus und sagen offen das, was ihnen auf der Zunge liegt. Ihr Handeln steht zu jedem Zeitpunkt im Einklang mit ihrem Charakter, ihren Werten und Überzeugungen.

Auch wir können uns von dieser Geradlinigkeit inspirieren lassen und uns vornehmen, unser Verhalten in Einklang mit unserem ureigenen Wesen zu bringen. Denn wie oft verbiegen wir uns für andere und tun Dinge, die wir eigentlich nicht wollen?

Besonders offensichtlich wird das beim Wort »Nein«. Viele von uns haben nie gelernt, dieses kurze Wörtchen als Antwort auf eine Frage oder Bitte zu benut-

zen. Sie haben Angst, die anderen zu verletzen, böswillig oder zu sehr von sich selbst eingenommen zu wirken, sie wollen sich nicht angreifbar machen – oder ein »Nein« kommt in ihrem inneren Antwortenkatalog schlichtweg nicht vor.

Wie ist das bei dir? Wenn dich eine Kollegin bittet, eine Aufgabe für sie zu erledigen, die sie aus nachvollziehbaren Gründen nicht schafft – was tust du? Eigentlich hast du keine Zeit für noch mehr Arbeit, du bist schon völlig ausgelastet. Tief in dir fühlst du, dass ein »Nein, es geht gerade wirklich nicht« die einzig richtige Antwort wäre. Und dennoch gehörst vielleicht auch du zu denen, die den zusätzlichen Stress auf sich nehmen und Ja sagen.

Kommt dir das bekannt vor? Dann weißt du auch, wie man sich dabei fühlt: schlecht. Das rührt daher, dass unser Verhalten nicht im Einklang mit dem steht, was wir wirklich wollen. Wir sind nicht authentisch, wir handeln nicht nach unserem eigenen Wunsch, sondern verbiegen uns für andere. Das ist es, was schmerzt und ärgerlich macht – nicht die Arbeit selbst.

Mach es dir zu einem Ritual, wenigstens einmal am Tag ein Nein in Erwägung zu ziehen. Wenn du um einen Gefallen gebeten wirst, spüre zuerst in dich hinein: Was sagt dein Bauch? Was ist deine spontane Reaktion? Und wie möchtest du dem anderen gegenüber reagieren? Das heißt nicht, dass du ab sofort immer Nein sagen solltest. Doch es wird wahrscheinlich häufiger deine ehrliche Antwort sein, als du bisher dachtest. Entscheide dann, wann du sie tatsächlich äußern willst.

Keine Sorge: Niemand wird dir böse sein oder dich geringschätzen, wenn du deinen Bedürfnissen ehrlich nachkommst. Lerne, aus vollem Herzen und freundlich »Nein« zu sagen – sei authentisch wie ein Zen-Meister. Genau das macht stark.

12. SONNENAUF- UND -UNTERGÄNGE BETRACHTEN

Zweimal täglich beschenkt uns die Natur mit einem wunderbaren Schauspiel: dem Aufgehen der Sonne am Morgen und ihrem Untergehen am Abend. Es zu erleben kostet uns keinen Pfennig, dabei gehören Sonnenauf- und -untergänge zweifellos zum Schönsten, was man als Mensch überhaupt betrachten kann.

Doch so herrlich und erhaben sie auch sind, sie finden jeden Tag aufs Neue statt, und daher sind sie für viele nichts Besonderes mehr. Man macht sich nicht die Mühe, überhaupt noch hinzuschauen, geschweige denn einen Moment innezuhalten. Höchstens bei einem außerordentlich prachtvollen Sonnenuntergang hebt man vielleicht kurz den Kopf und denkt sich: »Das ist ja schön.« Um es dann genauso schnell wieder zu vergessen und mit den Alltagserledigungen weiterzumachen.

Das Mini-Zen-Ritual, das sich hier ableitet, liegt auf der Hand: Beschenke dich selbst und nimm dir ab und an die Zeit, die Sonne bei ihrem morgendlichen Willkommen oder ihrem abendlichen Gute-Nacht-Gruß zu erleben. Mit ihrem Schauspiel bringt sie dir die Erhabenheit der Natur ganz nah. Das ist nicht nur wunderschön, sondern spendet dir auch Kraft, Ruhe und neue Energie.

Die meisten von uns erleben die Sonnenaufgänge noch seltener. Doch es lohnt sich, gelegentlich früher aufzustehen, um sie zu betrachten und die ganze Magie des neuen Erwachens zu spüren.

Jeder Sonnenaufgang, jeder Sonnenuntergang ist einzigartig. So lange wir auch leben, wir werden keinen finden, der einem anderen aufs Haar gleicht. Nimm dir gelegentlich die Zeit, sie achtsam mitzuerleben. Dann erkennst du bald die feinen Nuancen: Die Farben reichen vom zartesten Rosa über leuchtendes Orange bis hin zum tiefsten Rot. Sie vermi-

schen sich in allen nur denkbaren Schattierungen und wandeln sich von Augenblick zu Augenblick. Mal ist der Himmel vollkommen klar, an anderen Tagen tauchen kleine oder größere Wolken in das Farbenspiel mit ein. Mal sind es unzählige kleine Wolken, die wie eine Herde rosafarbener Schafe am Himmel entlangziehen, mal türmen sich riesige Kumuluswolken tiefrot und bedrohlich am Horizont auf.

Wenn wir die Einzigartigkeit der morgendlichen und abendlichen Spektakel beobachten, verwandeln wir unseren Sinn für Schönheit. Wir erkennen, dass das Schöne nicht nur im Prachtvollen zu finden ist, sondern sich in unendlich vielen Formen zeigen kann: Es gibt stille, ruhige, besinnliche, romantische, verwegene und stürmische Sonnenaufgänge wie Sonnenuntergänge. Und es gibt tausend andere mehr. Alle sind sie schön.

Bewusst erlebte Sonnenauf- und -untergänge können uns als eine Meditation über die Schönheit und

den Reichtum unseres Lebens dienen. Während wir dem Schauspiel am Himmel zusehen, sind wir ganz im Augenblick, im Hier und Jetzt. Wir werden Zeuge von etwas, das sich in genau derselben Form nie wieder ereignen wird. Das Farbenspiel ist einzigartig, der Tag ist einzigartig – und auch wir selbst werden nie wieder so sein wie jetzt.

13. WENIGER SITZEN

Zen-Mönche sind die unangefochtenen Meister im Sitzen. Denn zu ihrem Alltag gehört es, viele Stunden täglich völlig regungslos in der Meditation zu verharren. Dabei haben sie schon vor Jahrhunderten etwas herausgefunden, was die moderne Wissenschaft erst in den letzten Jahren zu verstehen beginnt: Langes Sitzen ist äußerst ungesund.

Nicht nur, dass Rücken-, Nacken- und andere Beschwerden des Bewegungsapparates vorprogrammiert sind. Wir wissen heute, dass langes Sitzen auch die Wahrscheinlichkeit für Herz-Kreislauf-Erkrankungen erhöht. Und das nicht nur ein wenig, sondern durchaus nennenswert.

Die Auswirkungen des langen Sitzens sind tatsächlich so negativ für die Gesundheit, dass sich unter Medizinern bereits der Spruch eingebürgert hat: »Sitzen ist das neue Rauchen.«

Die negativen Folgen des Sitzens rühren daher, dass die Haltung, die wir auf einem Stuhl einnehmen, für uns nicht natürlich ist. Stühle gehören einfach nicht zu unserer Umwelt, an die wir uns in Millionen von Jahren evolutionär angepasst haben. Oder hast du schon mal einen Stuhl in »freier Wildbahn« gesehen?

Die Beine sind im Neunzig-Grad-Winkel abgeknickt, und das erschwert die Blutzufuhr in all ihre Muskeln und Gewebe. Zugleich werden bestimmte Muskeln dauerhaft überlastet, um den Körper vom Becken an aufrecht zu halten. Andere wiederum werden überhaupt nicht beansprucht und bilden sich zurück. Ein ungesundes Ungleichgewicht entsteht, das auf Dauer zu Schmerzen und allerlei Gebrechen führen kann.

Das mussten wohl auch die Zen-Mönche erkannt haben. Um die Misere des dauerhaften Sitzens bei der Meditation zu mildern, haben sie etwas Geniales erfunden: die Gehmeditation. Dabei schreiten sie langsam und still im Kreis und setzen in tiefer Versenkung achtsam Fuß vor Fuß. Die Gehmeditation wechselt sich mit Phasen der Sitzmeditation ab. So müssen die Mönche nicht den ganzen Tag sitzen, sondern haben auch ein wenig Bewegung.

Da viele von uns heute einen Großteil des Tages im Sitzen verbringen – auf dem Bürostuhl, im Zug oder Auto, am Abend auf der Couch vor dem Fernseher – ist es eine gute Idee, es den Zen-Mönchen gleichzutun: Mach dir ein Ritual daraus, täglich nach einer kleinen Gelegenheit für zusätzliche Bewegung Ausschau zu halten. Wenn daraus Gewohnheiten werden, umso besser. Hier ein paar Tipps:

● Suche bei der Arbeit nach Möglichkeiten, langes Sitzen aktiv zu unterbrechen: Benutz den Drucker im Flur statt den im eigenen Büro, nimm das Treppenhaus und nicht den Aufzug, lauf zu einem Kollegen, statt ihm eine E-Mail zu schreiben.

- Achte darauf, die Sitzposition öfter zu wechseln, und arbeite, falls möglich, auch im Stehen, beispielsweise an einem Stehpult.
- Fahre mit dem Rad zur Arbeit, oder parke dein Auto ein Stück weiter entfernt und geh die letzten Meter zu Fuß. Steig eine Station früher aus der S-Bahn aus und laufe den Rest.
- Nutze die Mittagspause für einen Spaziergang.
- Achte in deiner Freizeit auf körperlichen Ausgleich durch bewegte Hobbys, Sport oder Yoga.

NICHTS EXISTIERT

Yamaoka Tesshu, ein junger Zen-Schüler, besuchte einen Meister nach dem anderen. Schließlich traf er auf Meister Dokuon aus Shokoku.

Um zu zeigen, wie viel er bereits begriffen hatte, sagte der Schüler: »Der Geist, Buddha und fühlende Wesen existieren nicht wirklich. Die wahre Natur aller Phänomene ist Leere. Es gibt keine Erkenntnis, keine Täuschung, keine Weisheit, keine Mittelmäßigkeit. Es existiert kein Geben und kein Nehmen.«

Dokuon, still rauchend, sagte nichts.

Plötzlich schlug er Yamaoka mit seiner Bambuspfeife. Der junge Schüler wurde daraufhin sehr wütend.

»Wenn nichts existiert«, fragte Dokuon, »woher kommt dann dieser Ärger?«

14. ALLES ZU SEINER ZEIT

Auf die Frage, was das Geheimnis des Zen sei, antwortete der große Zen-Meister Baso Matsu mit den Worten: »Essen, wenn man hungrig ist, schlafen, wenn man müde ist.« Was will er damit sagen? Und sind diese Worte heute noch sinnvoll?

Der Fragende hatte bestimmt mit allen Antworten gerechnet, nur nicht mit dieser. Vermutlich hatte er geglaubt, dass der große Zen-Meister eine komplizierte philosophische Erörterung über das Geheimnis des Zen gibt, die ihm endlich erlauben würde, das Zen zu verstehen. Stattdessen gab der Meister die simpelste aller möglichen Antworten: Zen sei nichts anderes, als seine natürlichen Bedürfnisse wie Essen und Schlafen dann zu stillen, wenn sie auftreten.

Was der Zen-Meister mit seiner überraschenden Antwort ausdrücken wollte: Es gibt kein »Geheimnis

des Zen«. Zen ist weder geheimnisvoll noch kompliziert. Tiefgründige philosophische Erklärungen über seine Natur abzugeben würde eher in die Irre führen. Also verzichtete Baso darauf. Stattdessen zeigt er mit seiner Antwort, wo sich Zen abspielt: nicht in irgendwelchen abgehobenen Sphären, sondern im Alltag jedes einzelnen Menschen. Und damit auch in unserem normalen, nur allzu gewöhnlichen und manchmal auch ein wenig langweiligen Alltag.

Zen ist die Kunst des ganz Normalen und ganz Einfachen: »Essen, wenn man hungrig ist, schlafen, wenn man müde ist.« Was könnte naheliegender und simpler sein?

Gerade weil es so einfach ist, ist es für viele Menschen aber schwer zu verstehen. Das ist paradox, aber wahr. Denn statt einer so simplen Antwort, wie sie der Zen-Meister gibt, wäre es nicht wenigen lieber, sie würden eine komplizierte, kryptische Antwort erhalten, über die sie lange nachdenken und sich dabei gehörig den Kopf zerbrechen könnten. Dann, nach langem Grübeln, würden sie glauben, die Antwort endlich ergründet zu haben, und wären stolz auf ihre intellektuellen Fähigkeiten.

Genau darum aber geht es beim Zen nicht. Im Zen interessiert es nicht, im Kopf zu sein, sich mit Gedankenspielereien zu beschäftigen oder etwas rational zu analysieren. Es geht stattdessen darum, ganz in der Gegenwart des Alltags zu sein und auf das einzugehen, was der jeweilige Augenblick mit sich bringt. Der Magen knurrt, und der Körper teilt mit, dass er hungrig ist? Dann sollte man vielleicht einen Happen essen. Wir gähnen und fühlen uns müde? Dann ist Schlafen vermutlich nicht die schlechteste Idee.

Wer aber macht das schon? Wer geht beispielsweise wirklich ins Bett, sobald er müde ist? Irgendwas gibt es vorher immer noch zu tun: Im Fernsehen läuft die Sendung, die man nicht verpassen will, oder man checkt »eben noch schnell« die sozialen Medien auf

die neuesten Updates von Freunden und Bekannten. Statt Schlaf gibt es tausend andere Dinge, die man für wichtiger hält.

Das Zen aber ruft uns zu, dass oftmals die simpelste Lösung die beste ist. In dem Fall also: schlafen. Ist die Sendung im Fernsehen wirklich so wichtig, dass wir dafür in Kauf nehmen wollen, morgen groggy durch den Tag zu wanken? Sicher nicht. Und müssen wir wirklich zu jeder Tag- und Nachtzeit auf dem neuesten Stand der Posts unserer Bekannten sein? Sicher nicht.

Vielleicht wählst du dir einen Lebensbereich aus – und warum nicht tatsächlich das Schlafen oder Essen? Und dann machst du es dir zu einem Mini-Zen-Ritual, dieses Bedürfnis immer gleich zu erfüllen, wenn dein Körper es dir signalisiert. So lernst du, auf dein Inneres zu hören und das zu tun, was wirklich ansteht und dir guttut.

15. SICH SELBST EIN GUTER FREUND SEIN

Mitgefühl mit anderen Menschen und Lebewesen spielt im Zen-Buddhismus eine große Rolle. Mit anderen respektvoll und achtsam umzugehen, ihnen möglichst kein Leid zuzufügen – das klingt unmittelbar einleuchtend. Wir spüren intuitiv, dass diese Einstellung nicht falsch sein kann. Schließlich möchten wir ja auch selbst von anderen achtsam und mit Respekt behandelt werden und kein Leid erfahren.

Wie aber steht es um das Mitgefühl mit uns selbst? Darum, uns selbst kein Leid zuzufügen? Diesen Teil vergessen wir oft – wenn wir uns beschimpfen, weil wir uns als zu dick oder nicht attraktiv genug empfinden, oder wenn wir uns zu noch mehr Leistung antreiben.

Mitgefühl mit uns selbst ist der Anfang von allem. Denn wer ohne diese Freundlichkeit mit sich selbst durchs Leben geht, wer für sich selbst keine Akzeptanz oder Liebe aufbringen kann, der schneidet sich nicht nur von einer der größten Quellen von Freude, Erfülltheit, Sinn und Glück ab. Er kann sich auch nur schwer mit anderen verbinden. Es ist ganz einfach: Mitgefühl für andere setzt Mitgefühl für uns selbst voraus. Wer sich selbst nicht so akzeptiert, wie er ist, kann auch andere nicht akzeptieren. Und wer sich selbst nicht mit Respekt und Nachsicht behandelt, kann das auch nur sehr beschränkt mit anderen.

Es fängt bei uns selbst an. Durch unser Selbstmitgefühl wird es erst möglich, dass wir uns mit anderen verbunden fühlen. Wer also hart zu sich selbst ist, fühlt sich ganz häufig einsam und isoliert, als sei er auf einem fremden Planeten ausgesetzt worden.

Wie aber funktioniert Selbstmitgefühl? Kaum jemand von uns hat das jemals lernen dürfen. Fangen wir also jetzt damit an, denn kaum etwas kann unser Leben so sehr verbessern. Die simpelste und naheliegendste Maßnahme hierfür wäre es, einfach damit aufzuhören, uns selbst unter Druck zu setzen. Werfen wir also unrealistische Perfektionsansprüche über Bord, machen wir mit den Selbstvorwürfen Schluss, und sagen wir der inneren Stimme, die ständig an uns herummäkelt, dass sie zur Abwechslung mal die Klappe halten soll.

Klingt gut, ist aber gar nicht so einfach. Oft handelt es sich nämlich um Gewohnheiten, die sich tief in uns eingegraben haben und die wir nicht von heute auf morgen ablegen können. Und jetzt kommt die Kraft der Mini-Rituale ins Spiel. Denn sie üben wir wieder und wieder – und der stete Tropfen höhlt allmählich den Stein.

Mach es dir zur Angewohnheit, dich selbst wie deine beste Freundin, wie einen langjährigen guten Freund zu behandeln. Versuche, dich wenigstens einmal am Tag daran zu erinnern, eine Entscheidung in diesem Sinne zu treffen: Wenn du merkst, dass du hart mit dir ins Gericht gehst, frage dich, wie du mit einem guten Freund in dieser Situation umgehen würdest. Wenn du dich dabei ertappst, an deinem Aussehen herumzunörgeln, geh vor einen Spiegel und finde heraus, was du an dir schön findest – so wie es dir bei einer Freundin sofort ins Auge fallen würde. Wenn du merkst, dass du dich bei der Arbeit gnadenlos antreibst, mach eine Pause, atme durch und sortiere neu, was wirklich nötig ist.

Werde zu deiner besten Freundin, zu deinem besten Freund – denn einem solchen Menschen gegenüber fällt es uns leicht, verständnisvoll und wohlwollend zu sein. Nutze das für dich selbst.

DER GRASHALM-TEMPEL

Als Buddha einmal mit seinen Schülern spazieren ging, zeigte er mit der Hand zum Boden und sagte: »Dies ist ein guter Ort, um einen Tempel zu errichten.«

Daraufhin nahm Taishakuten einen Grashalm, steckte ihn in den Boden und sagte: »Der Tempel ist errichtet.«

Buddha lächelte.

16. EIN GEDICHT
AUSWENDIG LERNEN

Kannst du ein Gedicht auswendig aufsagen? Vielleicht eines, das du vor langer Zeit in der Schule gelernt hast? Viele von uns haben zum letzten Mal in der Schulzeit ein Gedicht gelernt und können es Jahre oder sogar Jahrzehnte später noch vollständig oder in großen Teilen aufsagen. Selbst wenn sie es sich seit Jahren nicht ins Gedächtnis gerufen hatten. Irgendwo ist es verborgen in ihrem Innern eingespeichert, und auf irgendein Stichwort hin kommt es wie von Zauberhand unerwartet aus den Tiefen des Gedächtnisses hervor.

Im Zen spielen Gedichte seit jeher eine wichtige Rolle. Zen-Meister bringen darin die Tiefe ihrer spirituellen Verwirklichung zum Ausdruck, besingen die Schönheit der Natur, die Freundschaft und das Glück, das in den kleinen Dingen liegt.

Besonders bekannt sind die Sterbegedichte: Seit Jahrhunderten ist es in Japan Tradition, dass ein Zen-Meister kurz vor seinem Ableben ein letztes Gedicht schreibt, in dem er die Essenz seiner Erfahrung bündelt. Es ist sein spirituelles Vermächtnis, das in nur wenigen Zeilen eine buddhistische Weisheit individuell und prägnant ausdrückt. Hier ist ein Beispiel von Gizan Zenrai aus dem neunzehnten Jahrhundert:

Ich wurde in die Welt geboren
und verlasse sie mit dem Tod.
Tausend Städte habe ich besucht,
an tausend Herden gesessen –
was sind sie alle?
Nur Mondschein auf dem Wasser,
eine Blume am Firmament.
Ho!

Wie diese Zeilen zeigen, sind Gedichte kraftvolle Vermittler von Einsichten, Gefühlen und Stimmungen. Es ist bereichernd und macht Freude, sie zu lesen und auf sich wirken zu lassen.

Noch schöner aber ist es, wenn man dafür kein Buch aufschlagen muss, weil man ein paar Gedichte auswendig kann. Dann trägt man sie mit sich, jederzeit verfügbar. Man kann sie sich ins Gedächtnis rufen, wenn der Augenblick passt. Wusstest du, dass im Englischen ein Begriff für »auswendig lernen« *learning by heart* lautet? Das bringt es auf den Punkt: Wenn wir etwas auswendig lernen, dann geht es in unser Herz über. Es wird ein Teil von uns.

Finde daher ein Gedicht, das dir gut gefällt, und lerne es auswendig. Es muss kein klassisches Gedicht sein, es können auch die Lyrics eines Songs sein, den du besonders magst. Nimm Zeilen, die dich in irgendeiner Form berühren, die dir Hoffnung schenken oder Mut machen, die dir Kraft geben oder eine Botschaft enthalten, die für dich bedeutsam ist. Das Gedicht sollte dir so wichtig sein, dass du es durch das Auswendiglernen zu einem Teil von dir selbst machen möchtest.

Vergiss die Erfahrungen aus der Schulzeit, wo das Gedichtelernen oft ein Zwang und eine Qual war. Schenk dir eine neue Erfahrung. Nimm dir Zeit und geh langsam vor: Lerne das Gedicht Zeile für Zeile, Strophe für Strophe. Auswendiglernen hat eine meditative und beruhigende Wirkung auf den Geist und macht Spaß, wenn man es aus freien Stücken tut.

Klopf dir auf die Schulter, wenn du es geschafft hast. Und dann mach dir die Freude, es dir selbst ganz oft aufzusagen und gelegentlich vielleicht auch anderen.

17. TUN, WAS ZU TUN IST

Manchmal sind wir nicht wirklich erfreut über das, was auf unserer To-do-Liste steht. So kennt jeder auf der Arbeit oder zu Hause Tätigkeiten und Pflichten, auf die er gut und gern verzichten könnte: Für den einen sind es die ausufernden Meetings, die einfach nur zum Gähnen sind, für andere die Zusammenarbeit mit einem unfreundlichen, schwierigen Kollegen, lästige Hausarbeit wie Geschirrspülen oder Aufräumen oder familiäre Angelegenheiten wie Besuche bei den »lieben Verwandten«.

Letztlich haben wir die Wahl. Denn natürlich könnten wir die Meetings und die Zusammenarbeit mit dem Kollegen auch boykottieren (und damit unseren Job riskieren). Wir können beschließen, das Geschirr nicht mehr zu spülen und nicht aufzuräumen (dann sieht es eben wüst bei uns aus und fängt vielleicht auch irgendwann an zu riechen). Und wir müssen auch

nicht mehr Tante Frida und den Rest der Verwandt-
schaft zu Ostern besuchen (dann entfremden wir uns
eben von unserer Familie).

Wenn wir diese Konsequenzen nicht hinnehmen
wollen, dann müssen wir in den sauren Apfel beißen
und tun, was zu tun ist. Wie aber stellen wir das an, sodass es wenigstens ein bisschen leichter wird?

Fakt ist: Oftmals machen wir es mit unserer Einstellung zu diesen Tätigkeiten erst schlimm. Wir gehen in
den Widerstand, machen zwar, was von uns erwartet
wird, aber mürrisch, widerwillig, mit schlechter Laune
und manchmal auch Zynismus. Auf diese Weise aber
wird es erst richtig unangenehm.

Das Zen rät uns, die Umstände zu akzeptieren. Steht
ein Meeting, das Geschirrspülen oder der Familien-
besuch auf unserem Plan, dann sollten wir versuchen,
unseren inneren Widerstand abzulegen. Tun wir einfach, was zu tun ist. Das Meeting ist langweilig? Mit
schlechter Laune am Konferenztisch zu sitzen, macht

es bestimmt nicht besser. Der Besuch bei Tante Frida ist lästig? Mürrisch und verschlossen dabei zu sein ist weder für uns noch für die Familie schön. Akzeptieren wir also, dass es das ist, was wir jetzt tun. Und erleben wir es. Wir atmen, vielleicht sprechen wir, wir hören zu – das ist gerade unser Leben.

Die gegebenen Umstände zu akzeptieren ist für viele nicht einfach. Aber wir können eine innere Haltung des Gleichmuts entwickeln. Dann lassen wir uns auch bei unangenehmen oder sogar widrigen Umständen nicht die Laune verderben.

Der Alltag bietet uns unendlich viele kleine Gelegenheiten, eine solche Haltung einzuüben. Mach dir eine Gewohnheit daraus, beim Anstehen in einer langen Kassenschlange zu akzeptieren, dass du jetzt hier stehst. Die Schlange wird davon nicht kürzer, aber du kannst aufhören, gegen sie anzukämpfen und dir selbst dadurch Leid zu erschaffen. Oder du übst es beim Staubsaugen oder Wäschezusammenlegen. Überall dort, wo dir eine Tätigkeit erst mal keinen Spaß macht. Doch auch sie gehört zu deinem Leben, und du entscheidest, mit welcher Haltung du sie angehst.

18. ERFAHRUNGEN SAMMELN, NICHT DINGE

Das Leben ist kurz und vergeht wie im Flug. Die Vergänglichkeit von allem – Gedanken und Gefühlen, Menschen und Dingen, ja selbst Sternen und Planeten – steht am Anfang des Buddhismus. Denn Buddha erkannte mit seinem Erwachen: Nichts hat Bestand, alles muss vergehen.

Die Flüchtigkeit der Welt und alles Seienden ist im Zen von allergrößter Bedeutung. Zen-Meister wurden durch die Jahrhunderte nicht müde, ihren Schülern mit Nachdruck klarzumachen, was für eine seltene Gelegenheit es ist, als Mensch auf die Welt zu kommen (denn das ist nach der buddhistischen Auffassung gar nicht selbstverständlich). Und nun sollte man diese Chance auf keinen Fall leichthin vergeuden, indem man beispielsweise die Zeit mit Nichtstun, Müßiggang oder Habsucht verschwendet.

Wir alle sind aufgerufen, unser kostbares Leben so gut wir können mit Sinn, Schönheit, Freude, Erfüllung, Liebe und Glück zu füllen. Das ist keine leichte Aufgabe, und es gibt auch keine Lösung, die für alle gleichermaßen gilt. Wir alle müssen unseren individuellen Weg zu einem in unserem Sinne reichen Leben finden. Was für den einen der richtige Weg ist, muss es nicht für den anderen sein. Das macht die Sache umso schwieriger.

Der Weg unserer heutigen Gesellschaft scheint der Weg der Dinge zu sein: Wir sammeln unablässig Gegenstände um uns herum an und sind ständig auf der Suche nach neueren, besseren, schöneren Produkten, die uns glücklich machen sollen. Doch so viel wir auch haben, und so toll diese Dinge auch sein mögen – das Zen betont, dass sie uns niemals zu einem wirklich glücklichen und reichen Leben verhelfen werden.

Denn ein Ding bleibt immer bloß ein Ding. Da kann es noch so wertvoll, exklusiv oder prestigeträchtig sein. Klar, wir besitzen es, doch irgendwann sind

wir alt und gebrechlich und merken, dass unsere Zeit auf Erden nicht endlos ist. Dann kommt der große Schreck, dass wir nichts mitnehmen können. Wir werden gehen und all die Dinge, die wir unser Leben lang angehäuft haben, werden hierbleiben.

Meist aber brauchen wir gar nicht so lange zu warten. Schon zu Lebzeiten empfinden wir all das »alte Zeug« oft schon als Last, die unser Leben vollstopft, um die wir uns kümmern und mit der sich nach unserem Tod andere herumschlagen müssen.

Aber der Mensch sammelt nun einmal gern. Doch besser als Dinge anzuhäufen, ist es, Erfahrungen zu sammeln. Denn was wir erlebt haben, macht uns wirklich reich. Es könnte daher ein guter Rat sein, deinen Besitz auf das zu beschränken, was du wirklich brauchst. Und dann sind Zeit, Energie und Geld übrig, die du in faszinierende Erfahrungen in der Natur, spannende Erlebnisse in aller Welt – oder was auch immer dich reizt – investieren kannst.

Mach es dir zu einem Mini-Zen-Ritual, dich vor jedem größeren (und gern auch kleineren) Kauf zu fragen: »Benötige ich das wirklich? Wird mich das nachhaltig glücklich machen?« Und wenn du fühlst, dass die Antwort eher ein Nein ist, dann investiere das Geld anders. Mach eine Reise. Besuch einen Tanzkurs oder lerne töpfern oder Gitarre spielen. Und besonders erfüllend: Mach anderen eine Freude, spende oder verschenke etwas.

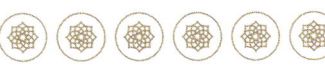

19. SICH SELBST BLUMEN SCHENKEN

Hast du dir selbst schon einmal Blumen geschenkt? Es ist ein bunter und einfacher Weg, sich etwas Gutes zu tun. Eine Form der Selbstliebe, die keine Worte braucht. Die Botschaft kommt auf jeden Fall in deinem Inneren an. Denn die Sprache der Blumen ist die Sprache des Herzens.

Das macht das Ritual des Sich-selbst-Blumenschenkens auch so kraftvoll, denn wir verstehen sofort mit unserem ganzen Sein, was wir uns damit sagen: Wir sind uns diese Blumen wert.

Zu Hause stellen wir sie in eine Vase, wo sie noch tagelang ihre Schönheit, stille Lebendigkeit und einen wundervollen Duft verströmen. An jedem dieser Tage laden sie uns dazu ein, sie mit all unseren Sinnen zu erfahren. Wir schnuppern an ihnen und erfreuen uns an den Farben. Das ist beruhigend, hebt unsere Stimmung und kann sogar wie eine Meditation erlebt werden.

In Japan hat sich schon vor Jahrhunderten die Kunst des Blumenarrangierens entwickelt – und auch sie wird gern zur Meditation genutzt. Menschen, die sich dem *Ikebana* verschreiben, gehen den »Weg der Blumen«, *Kado*. Und wenn wir achtsam mit unseren Blumen umgehen, können wir unsere eigene Form dieses Weges gehen.

Dazu gehört auch das Ende dieser Geschichte: Wenn die Blüten schließlich verwelkt sind, dann werfen wir den Strauß nicht einfach achtlos in den Mülleimer, sondern bedanken uns bei ihm für die Freude, die er uns gemacht hat. Und wir bedanken uns bei uns selbst für das schöne, von Herzen kommende Geschenk.

EINE TASSE TEE

Neue Mönche kamen im Kloster an. Bei ihrer Begrüßung fragte Meister Joshu einen von ihnen: »Warst du schon einmal hier?«

»Ja«, antwortete der Mönch.

»Trink eine Tasse Tee«, sagte Joshu. Dann wandte er sich an einen anderen Neuankömmling: »Warst du schon einmal hier?«

»Nein, Meister«, antwortete der Besucher.

Joshu: »Trink eine Tasse Tee.«

Aufgeregt fragte der Mönchsvorsteher daraufhin Joshu: »Meister, einer der Mönche war schon einmal hier, und Ihr habt ihm eine Tasse Tee angeboten. Der andere Mönch war noch nicht hier, und auch ihm habt Ihr eine Tasse Tee angeboten. Was hat das zu bedeuten?«

Joshu erhob seine Stimme: »Mönchsvorsteher!«

»Ja, Meister?«

»Trink eine Tasse Tee!«

20. STATT JOGGEN GEHEN, EINE PIZZA ESSEN

Gute Vorsätze sind sinnvoll. Keine Frage. Und wir alle würden vermutlich gut daran tun, regelmäßig ein wenig Sport zu treiben. Der Vorsatz, öfter mal joggen zu gehen, ist also grundsätzlich eine gute Idee.

Gelegentlich kann es aber nicht schaden, einen Vorsatz fallen zu lassen und stattdessen etwas völlig anderes, vielleicht sogar Gegenteiliges zu tun. Wie beispielsweise kurzerhand zu entscheiden, dass man sich jetzt doch nicht die Joggingschuhe schnürt, um eine Runde durch den Park zu traben, sondern stattdessen eine Pizza essen geht. Das sollte nicht allzu häufig vorkommen, aber wenn es von Zeit zu Zeit passiert, ist es wohltuend. Mach dir daher ein seltenes, dann aber ganz bewusst zelebriertes Mini-Zen-Ritual daraus – vor allem in genau den Bereichen, wo du recht streng mit dir bist.

Alles, was mit allzu starrer Disziplin auf Teufel-komm-raus verfolgt wird, ist nicht wirklich gesund für uns. Wir sollten immer flexibel bleiben und spontanen Eingebungen folgen können, selbst wenn das bedeutet, dass wir damit unsere Vorsätze einmal über Bord werfen.

Nichts illustriert das so schön wie ein Beispiel, das ein Zen-Meister vor einigen Jahrhunderten gab. Wie du vielleicht weißt, ist es den Zen-Mönchen strengstens untersagt, Alkohol zu trinken. Beim Eintritt in das Kloster legen alle daher ein Gelübde ab, in dem sie dem Alkohol und allen anderen Substanzen abschwören, die den Geist beeinträchtigen können.

Um seinen Schülern nun die verheerenden Folgen des Alkohols zu zeigen, beschloss ein Zen-Meister, sich vor seinen versammelten Mönchen zu betrinken. Er ließ sich eine Schale Reiswein nach der anderen einschenken und trank sie jedes Mal mit großem Genuss aus. Dabei wurde er immer ausgelassener, er fing an zu lachen und zu johlen, erzählte schlüpfrige

Witze und stimmte lauthals Trinklieder an. Am Ende schlief er volltrunken vor seinen Schülern ein, die ihren Meister schließlich in sein Bett trugen.

Wie findest du das? Glaubst du, dass sich der Zen-Meister wirklich nur deshalb betrank, um den Mönchen zu zeigen, was der übermäßige Genuss von Reiswein mit uns anstellt? Bei all der feucht-fröhlichen Ausgelassenheit, die er an den Tag legte, könnte man vermuten, dass er durchaus auch Spaß daran hatte.

Er verstieß gegen sein eigenes Mönchsgelübde, keinen Alkohol zu trinken! Er ging seinen Mönchen und uns also mit gutem Beispiel voran und zeigte: Es ist gut, seine Vorsätze gelegentlich hinter sich zu lassen und kreativ dem zu folgen, was der Augenblick uns zuflüstert. In diesem Sinne: Die Pizza ruft!

21. BÜCHER NACH FARBEN SORTIEREN

Alphabetisch nach Autor oder Titel, nach Thema oder Erscheinungsjahr – es gibt viele Möglichkeiten, seine Bücher ins Regal einzusortieren. Hier die Art und Weise, die womöglich am stärksten dem Geist des Zen entspricht: nach Farben.

Wieso sollte man seine Bücher so anordnen? Zunächst einmal: Weil es Spaß macht. Wenn man Kindern sagt, sie sollen Bücher sortieren, ihnen aber nicht vorgibt, in welcher Weise, dann ist das Resultat häufig eine Gruppierung nach Farben. Vermutlich, weil es eine intuitive Art ist, Ordnung zu schaffen, für die man nicht lesen zu können braucht und die Freude macht.

Dass sie nicht vom Verstand oder dem rationalen Denken herrührt, macht diese Anordnung so zenartig. Denn im Zen geht es darum, das Denken zu transzendieren.

Davon abgesehen erhält man als Resultat häufig wirklich schöne Farbverläufe mit einer beruhigenden Wirkung. Unsere Bücher verwandeln sich in einen friedlich dahinfließenden Strom aus Farben, der uns dazu einlädt, unsere Augen auf ihm ruhen zu lassen.

22. FREUNDSCHAFT MIT BÄUMEN SCHLIESSEN

Es gibt viele gute Gründe, die Nähe von Bäumen zu suchen. Sie sehen schön und manchmal sogar majestätisch
aus, ihr bloßer Anblick wirkt beruhigend und vermittelt
Kraft und Geborgenheit. Die innige Verbindung, die wir
zu Bäumen haben, kommt nicht von ungefähr, schließlich haben wir eine lange gemeinsame Geschichte. Vor
vielen Millionen Jahren, lange vor der Zeit des Menschen, lebte sein Vorfahr als Affe auf den Bäumen des
afrikanischen Kontinents. Und das nicht nur für eine
kurze Zeit, sondern wiederum für Millionen von Jahren. Bäume und Menschen (beziehungsweise seine Vor-
fahren) sind also eng miteinander verbunden. Sie waren
unser Wohnraum, sie gaben uns Nahrung und Schutz
vor Feinden. Wir kommen von den Bäumen.

Dieses Wissen schlummert noch tief in uns. In der
Nähe von Bäumen fühlen wir uns gut, ohne wirk-

lich sagen zu können, warum das so ist. Das interessiert auch die Wissenschaft, die die Wirkung von Bäumen auf uns Menschen erforscht und bereits Erstaunliches herausgefunden hat: Beispielsweise heilen Menschen im Krankenhaus, wenn sie durch das Fenster auf einen Baum schauen können, schneller und besser, als wenn sie auf eine Betonwand blicken.

Noch stärker aber wird die Wirkung, wenn wir uns tatsächlich bei Bäumen aufhalten. Wie die Wissenschaft erst seit Kurzem weiß, nehmen wir dann über die Atemluft Stoffe auf, die die Bäume abgeben, sogenannte Terpene. Mit ihnen verteidigen sich die Bäume vor Fressfeinden wie Insekten, und sie kommunizieren darüber auch miteinander.

Auf uns nun haben die Terpene eine ganz erstaunliche Wirkung. Sie aktivieren bestimmte Gene, die maßgeblich für unser Immunsystem, unsere allgemeine Gesundheit und unser Wohlbefinden zuständig sind. In Japan weiß man das schon lange, hier gibt es schon

seit Jahrhunderten die Tradition des *Shinrin Yoku*, des Waldbadens: Man geht in den Wald, um mithilfe der Bäume seinen Stress abzubauen und gute Laune und Heilkraft zu tanken.

Das klingt so gut, dass wir unbedingt ein kleines Ritual daraus ableiten sollten. Dafür müssen wir noch nicht einmal direkt in einen Wald gehen. Wenn du in der Stadt wohnst, kannst du auch einen Park besuchen oder ein paar Bäume an der Straße oder in einem Hinterhof. Verbring einfach etwas Zeit bei ihnen – und schon kommst du in den Genuss ihrer Vorzüge.

Das geht am besten, wenn du dich dabei möglichst tief entspannst. Du könntest dich an den Stamm lehnen und die Augen schließen. Du kannst dir aber auch ein Buch mitnehmen, dich unter den Baum setzen und lesen. Du kannst mit Freunden ein Picknick unter Bäumen machen oder dich in die Wiese legen, nach oben blicken und dich vom Spiel der Blätter im Wind verzaubern lassen.

Was auch immer du wählst: Atme für ein paar Momente ruhig und tief und spüre, wie nach und nach ein tiefes Wohlbehagen deinen Körper durchflutet. Mit jedem Atemzug nimmst du aktive Biostoffe der Bäume auf, die in dir sofort ihre wertvolle Wirkung entfalten. Sehr viele dieser Wirkstoffe geben die Bäume übrigens über die Rinde genau in Menschenhöhe ab – als ob sie wüssten, dass diese Stoffe für uns förderlich sind, und sie uns etwas Gutes tun wollten.

Neben deiner Freundlichkeit bei deinen Besuchen kannst du den Bäumen noch etwas geben. Und du tust es sowieso: Denn mit jedem Ausatmen gibst du Kohlendioxid ab, das die Bäume zum Leben benötigen. Sie geben dir im Gegenzug Sauerstoff dafür. Es ist ein Geben und Nehmen. Mach dir diesen Kreislauf ruhig bewusst, wenn du bei den Bäumen bist. Er veranschaulicht sehr gut ein Grundprinzip des Zen: Nichts besteht allein für sich, alles ist verbunden. Wir alle sind Teil eines größeren Lebensnetzes.

23. DAS TAO DES PUTZENS ENTDECKEN

Zen-Mönche sind nicht nur Meister im Meditieren, sondern auch im Putzen. So sind Zen-Klöster in Japan nicht nur für ihre Architektur, ihre Schönheit und ihre Gärten bekannt, sondern auch dafür, besonders reine Orte zu sein. Verantwortlich dafür sind die Mönche. Sie putzen ihr Kloster nämlich selbst und lassen nicht etwa Putzkolonnen für sich arbeiten.

Bilder von putzenden Zen-Mönchen haben im Westen einige Bekanntheit erlangt. Wenn man sich beispielsweise eine Dokumentation über Zen in Japan anschaut, kommen darin fast zwangsläufig auch irgendwann Zen-Mönche vor, die emsig und voller Hingabe ihre Räume auf Vordermann bringen.

Besonders beliebt sind dabei Bilder von Mönchen, die auf die urjapanische Art den Boden wischen: Sie benutzen nicht etwa einen Mopp mit Stiel, sondern drücken mit den Händen einen nassen Lappen auf die Dielen und rennen dann mit lauten Schritten in gebückter Haltung den Flur entlang. Dieses Motiv ist vermutlich so beliebt, weil es in einem so auffälligen Gegensatz zu den Meditationen der Mönche steht: völlige Stille und Bewegungslosigkeit auf der einen Seite, Energie und kraftvolle Aktivität auf der anderen.

Bewundernswert ist, mit welcher Hingabe die Mönche bei der Sache sind. Sie fegen, kehren, entstauben, schrubben und polieren das Kloster bis in jeden noch so kleinen Winkel – und sie sind dabei achtsam, gelassen und, das kann man ihnen ansehen, voller Freude.

Wieso legen die Mönche so viel Wert auf Sauberkeit? Weil sie eines verstanden haben: Es ist »ihr« Kloster, sie verbringen hier ihr Leben – sie schlafen, meditieren, essen und arbeiten hier. Mit dem Eintritt in die Gemeinschaft wird es zu ihrem einzigen Wohn- und Lebensraum. Und dieser will rein gehalten und gepflegt sein. Nicht nur aus Respekt vor dem Kloster, das oft schon

Jahrhunderte alt ist, sondern auch aus dem einfachsten aller Gründe: In einer sauberen Umgebung fühlt man sich wohler.

Machen wir es daher wie die Mönche und pflegen wir mit Hingabe den Ort, an dem wir einen Großteil unseres Lebens verbringen: die eigenen vier Wände. So wie die Mönche ihr Kloster putzen, um sich darin gut zu fühlen, können wir es mit unserer Wohnung tun. Putzen ist für sie keine lästige Tätigkeit, die man hastig ausführt und so schnell wie möglich hinter sich bringt. Es ist eine wertvolle Gelegenheit, dem Ort seinen Respekt zu erweisen und einen Raum zum Wohlfühlen zu schaffen.

Zugleich ist das Reinigen des Klosters für die Mönche eine Meditation: Indem sie ihre Aufmerksamkeit ganz auf das Putzen richten, gehen sie vollständig darin auf. So bekommt diese alltägliche Handlung einen meditativen Charakter. Das entspricht dem Geist des Zen, der im Alltäglichen und Gewöhnlichen zu Hause ist.

Probier es selbst einmal aus, das Putzen zur Meditation werden zu lassen. Ob die Fenster oder der Kühlschrank, die Böden oder das Geschirr: Putze achtsam, sorgfältig und mit Hingabe. Lass zu, dass du in einen angenehmen, beruhigenden Putzflow kommst, in dem die Zeit stillzustehen scheint und du alle Sorgen vergisst. Und wenn du fertig bist, ist dein Geist so klar und frisch wie deine Wohnung. Wohlgefühl pur.

BANKEIS STIMME

Nachdem Meister Bankei gestorben war, erzählte ein blinder Mann, der in der Nähe von dessen Tempel wohnte, einem Freund: »Da ich blind bin, kann ich das Gesicht eines Menschen nicht sehen. Also muss ich aus dem Klang seiner Stimme auf seinen Charakter schließen. Höre ich jemanden, wie er einem anderen zu seinem Erfolg oder seinem Glück gratuliert, höre ich normalerweise auch einen Unterton von Neid. Wenn Mitleid für das Unglück eines anderen ausgedrückt wird, höre ich auch Befriedigung und Freude, als ob der Sprechende froh darüber ist, dass etwas mehr für ihn in der Welt übrig bleibt, das er erlangen kann. Doch immer, wenn ich Bankei hörte, war seine Stimme aufrichtig. Drückte er Freude aus, hörte ich nichts anderes als Freude, drückte er Trauer aus, dann war Trauer alles, was ich hörte.«

24. DEN SCHREIBTISCH AUFRÄUMEN

Kennst du das? Du kommst morgens in dein Büro und könntest sofort wieder umkehren: so ein Chaos! Auf dem Schreibtisch scheint eine Bombe eingeschlagen zu haben, Papiere und Zettel aller Größen und Farben liegen kreuz und quer, Unterlagen stapeln sich zu bedrohlich schwankenden Türmen, Stifte sind wild verstreut, die halbleere Tasse Kaffee von gestern steht auch noch da. Die Maus ist von so viel Krimskrams bedeckt, dass man zum Archäologen werden muss, um sie zu finden.

Vielleicht habe ich etwas übertrieben, doch du weißt sicher, was ich meine. Ein derartiger Anblick am Morgen ist der denkbar schlechteste Start in den Arbeitstag. Sofort stellt sich ein schlechtes Gefühl ein. Das Chaos erinnert uns schlagartig an die Hektik der letzten Tage und an die Überforderung, die die gegenwärtigen Projekte in uns auslösen. Fest steht: Wir haben wenig Lust, an so einem Ort mit der Arbeit zu beginnen.

Das untermauert auch die wissenschaftliche Forschung: In einer unordentlichen, chaotischen Umgebung empfinden wir automatisch Stress. Ein solches Umfeld raubt uns Energie, wir fühlen uns ängstlich, abgeschlagen und überfordert. Interessanterweise gilt das in vermehrtem Ausmaß für Frauen. Sie scheinen noch empfindlicher auf Unordnung zu reagieren als Männer.

Der Schreibtisch ist für viele von uns das Herzstück des Arbeitsplatzes. Hier sitzen wir den Großteil des Tages, ihn haben wir täglich viele Stunden vor Augen. Umso wichtiger ist es, dass auf ihm Ordnung herrscht.

Auf dem Schreibtisch aufzuräumen ist ein aktives und äußerst wirksames Mittel gegen Stress. Denn die Ordnung außen überträgt sich auf unser Inneres. Ein ordentlicher Schreibtisch signalisiert uns, dass wir unsere Aufgaben im Griff haben. Diesen Platz haben wir in Ordnung gebracht – jetzt können die anderen folgen.

Natürlich ist es nicht immer möglich, den Schreibtisch blitzeblank zu halten. Manchmal geht es im Beruf einfach zu hektisch zu, und zu viel auf einmal ist von uns gefordert. Und manchmal ist ein wenig Unordnung auch förderlich. Manche Menschen können etwa mit ein wenig Chaos um sich herum kreativer arbeiten. Wie viel Ordnung man braucht, um sich wohlzufühlen, ist also individuell.

Mach es dir zum Mini-Zen-Ritual, abends kurz vor Feierabend deinen Schreibtisch – oder deinen anders gearteten Arbeitsplatz – so aufzuräumen, dass es sich für dich gut anfühlt. Leg alles an seinen Platz zurück, Stifte, Papiere und sonstige Arbeitsutensilien. Sortiere die Unterlagen, die sich tagsüber angesammelt haben, und räum sie weg. Bring die Kaffeetasse in die Küche. Es sind meist nur ein paar Handgriffe – und mit denen schaffst du dir die perfekte Ausganglage für einen guten Start in den nächsten Tag.

25. MEHR LÄCHELN

Unser Gesichtsausdruck hat großen Einfluss darauf, wie wir uns fühlen. In die eine Richtung ist das ja klar: Wenn wir fröhlich sind, ziehen wir die Mundwinkel nach oben, wir lächeln. Wenn wir mies drauf sind, wandern die Mundwinkel nach unten. In der entgegengesetzten Weise stimmt es aber auch, denn wir können mit unserem Gesichtsausdruck tatsächlich beeinflussen, wie wir uns fühlen. Wenn wir also absichtlich lächeln – auch wenn es uns schlecht geht –, führt das fast augenblicklich dazu, dass wir uns tatsächlich fröhlich oder zumindest besser fühlen. Klingt wie Zauberei? Ist es aber nicht.

Denn wie die Neurowissenschaft seit einiger Zeit weiß, kann unser Gehirn nicht unterscheiden, ob wir lächeln, weil wir uns gut fühlen, oder das Lächeln nur aufsetzen. Für unser Gehirn ist ein Lächeln immer ein Lächeln: ein Zeichen, dass es uns gut geht. Sobald die

Mundwinkel sich nach oben ziehen, schüttet unser Gehirn eine Reihe von Neurotransmittern aus – darunter vor allem Serotonin und Dopamin –, die unsere Laune heben.

Ein wirklich einfacher Weg, um im Alltag öfter gute Laune zu haben, ist deswegen: mehr lächeln. Mach es dir zur Gewohnheit, im Laufe des Tages bewusst immer wieder zu lächeln: Lächle deine Mitmenschen an. Lächle beim Spazieren, Fahrradfahren oder am Schreibtisch. Lächle, wenn dir langweilig ist. Lächle, wenn du nichts Besseres zu tun hast. Und lächle vor allem dann, wenn du eigentlich gar keinen Grund zum Lächeln siehst.

Mit ein wenig Übung kannst du bald jeden Anflug von schlechter Laune einfach weglächeln. Fröhlich gestimmt zu sein ist nichts, was nur von äußeren Faktoren abhängt. Du wirst sehen: Das Geheimnis der guten Laune verbirgt sich zu einem guten Teil in deinen Mundwinkeln.

Öfter zu lächeln ist übrigens eine durch und durch buddhistische Haltung. Bestimmt ist dir schon aufgefallen, dass Buddha in Statuen und auf Bildern fast immer lächelnd dargestellt wird. Und auch viele große Zen-Meister sind für ihr Lachen und ihren Humor bekannt. Ein heiteres Gemüt, das sich in einem Lächeln kundtut, gilt in Asien seit Jahrhunderten als Zeichen einer tiefen spirituellen Verwirklichung. Doch um zu lächeln, müssen wir zum Glück nicht erleuchtet sein. Lächeln wir einfach – jetzt gleich.

26. BELASTENDE GEDANKEN UND GEFÜHLE LOSLASSEN

Wir alle sind Weltmeister darin, Gedanken und Gefühle mit uns herumzuschleppen, die uns in keiner Weise guttun. Sie sind schmerzhaft, destruktiv und negativ – und dennoch behalten wir sie bei uns. Nicht nur das, wir kultivieren sie sogar regelrecht, beispielsweise wenn wir uns in unseren Ärger über jemanden hineinsteigern und dabei aus einer mückenkleinen Sache einen Elefanten machen. Dieser Ärgerelefant wütet dann in uns: In voller Rage trampelt er in unserem Kopf herum und trötet dabei lautstark Flüche aus seinem erhobenen Rüssel, sodass wir an gar nichts anderes mehr denken können. Wir sind vollständig von Ärger erfüllt. Und das oftmals stunden- oder sogar tagelang.

Wenn wir am Morgen mit jemandem aneinandergeraten, ist es gut möglich, dass wir uns am Abend noch immer über ihn ärgern. Den ganzen Tag über haben wir den Ärger in uns herumgetragen, wir haben mit ihm zusammen im Büro gearbeitet, mit ihm Mittag gegessen, und er saß mit uns in der U-Bahn auf dem Weg nach Hause. Ein ganzer Tag, der großartig hätte werden – oder zumindest normal hätte verlaufen – können, ist unwiederbringlich verloren.

Die Weisheit des Zen rät uns, belastende Gefühle und Gedanken nicht länger mit uns herumzutragen als unbedingt notwendig. Mehr noch: Am besten sollten wir Ärger gar nicht erst aufkommen lassen. Natürlich sind wir Menschen und keine Buddhas und deswegen nicht gefeit gegen gelegentliche Anflüge von dunklen Gefühlen und Gedanken. Die aber sollten wir schnellstmöglich immer wieder loslassen. Das ist nicht einmal schwer – und es kann eines deiner wertvollsten Mini-Zen-Rituale werden: Wenn du Ärger in dir spürst und merkst, dass du deswegen zu leiden beginnst, kannst du ihn ablegen, wie du eine schwere Tasche ablegen würdest. Du fasst den bewussten Vorsatz, nicht länger an deinem Ärger festhalten zu wollen. Das reicht oftmals schon aus.

Manchmal hilft es, wenn du diesen Vorsatz noch mit einer Visualisierung verstärkst: Dafür atmest du ein paarmal tief durch und stellst dir vor, dass mit jedem Ausatmen ein Quäntchen von dem Ärger aus deinem Körper fließt. Mach das, bis du merkst, dass kein Ärger mehr da ist und du dich friedvoll und ruhig fühlst.

VOM FESTHALTEN UND
VOM LOSLASSEN

Zwei Mönche unternahmen eine Pilgerreise. Sie kamen an einen Fluss mit starker Strömung. Dort stand eine junge hübsche Frau, die sich davor fürchtete, den Fluss zu durchqueren. Ohne zu zögern, ging der erste Mönch zu ihr, hob sie auf seine Schultern und trug sie zum anderen Ufer. Sie bedankte sich und ging ihres Weges. Und auch die beiden Mönche setzten ihre Pilgerreise fort.

Ein paar Stunden später fing der zweite Mönch an, den anderen zu kritisieren. Wütend sagte er: »Du weißt doch, dass es uns als Mönchen nicht erlaubt ist, Frauen anzufassen! Wie konntest du nur gegen diese Regel verstoßen?«

Der erste Mönch antwortete: »Ich habe die Frau vor Stunden am Ufer des Flusses gelassen – warum trägst du sie immer noch?«

27. AUSZEITEN VOM SMARTPHONE NEHMEN

Ständig online und erreichbar sein, vierundzwanzig Stunden am Tag, sieben Tage die Woche, dreihundertfünfundsechzig Tage im Jahr? Kein Problem! Das Smartphone hat unser Leben revolutioniert, und wir alle lassen kaum noch die Finger davon.

In öffentlichen Verkehrsmitteln sind Menschen, die aus dem Fenster schauen, ein Buch lesen oder einfach vor sich hindösen, heute die Ausnahme. Der Großteil tippt und liest Textnachrichten, beschäftigt sich mit Onlinespielen, checkt, was es in den sozialen Netzwerken an Neuem gibt, und surft in den unendlichen Weiten des Netzes.

Unsere Smartphones können eine ganze Menge. Und leider haben sie dabei auch die Tendenz, uns ziemlich schnell ziemlich süchtig zu machen. Für viele Menschen ist das kleine Gerät ein so selbstverständlicher Teil ihres Lebens, dass sie sich unvollständig oder »nackt« fühlen, wenn sie es mal nicht in Griffweite haben. Außer Haus gehen ohne Smartphone? Völlig undenkbar! Selbst wenn es nur die fünf Minuten zum Bäcker sind.

Aktuelle Studien gehen davon aus, dass wir unsere Handys etwa zweihundert Mal am Tag entsperren – damit wir keine Text- oder Sprachnachrichten verpassen und immer auf dem neusten Stand sind, was etwa die sozialen Medien angeht. Bloß nicht das Gefühl aufkommen lassen, dass uns etwas entgeht! Hinterher war es dann meist gar nicht so wichtig – aber man kann nie wissen.

Smartphones sind perfekte Aufmerksamkeitsräuber, die uns dazu verführen, uns ständig mit Informationen zu zerstreuen, die bei genauerer Betrachtung meist völlig belanglos sind. Dass viele soziale Medien absichtlich als moderne Suchtmittel konstruiert wurden, macht die Sache natürlich nicht einfacher.

Wie wäre es, wenn wir uns wieder ein wenig von unserem Smartphone entkoppeln? Wie wäre es, sich wieder als vollständiger Mensch zu fühlen, auch wenn man es gerade nicht in der Tasche hat? Wie wäre es, den Blick auf das kleine Display mal für Stunden zu vergessen und sich dabei rundum gut zu fühlen? Die Welt um uns herum wird so oder so immer schneller, virtueller und digitaler. In diesem Strom schwimmen wir mit, ob wir wollen oder nicht. Doch wir behalten unsere Kräfte dabei umso besser, wenn wir uns regelmäßig ein wenig analoge, entschleunigte Zeit in der »realen« Welt gönnen.

Im Zen geht es um Sammlung und Konzentration auf das wirklich Wesentliche. Man muss kein Zen-Meister sein, um zu erkennen, dass die ständige Zersplitterung unserer Aufmerksamkeit durch das Smartphone dem Geist des Zen völlig widerspricht. Wenn du es satt hast, dich von einem technischen Gerät unwiderstehlich angezogen zu fühlen und es kaum noch »ohne«

aushältst, wäre hier ein hilfreiches Mini-Zen-Ritual für dich: Leg dir eine Zeit fest, die du ohne Smartphone (und auch ohne alle verwandten Geräte) verbringen möchtest. Vielleicht sind das anfangs nur zehn Minuten, vielleicht ist es eine Stunde oder ein ganzer Tag. Schalte das Gerät aus oder zumindest offline – und such dir andere Beschäftigungen: Triff eine Freundin ganz real, geh spazieren oder bepflanze deine Balkonkästen neu. Sei einfach Mensch. Das ist nicht so schwer. Schließlich kommen wir alle ohne Smartphones in den Händen auf die Welt.

DER BUDDHA MIT DER
SCHWARZEN NASE

Eine Nonne, die nach Erleuchtung strebte, hatte eine Buddhastatue angefertigt und mit Blattgold verziert. Wohin sie auch ging, stets nahm sie diesen goldenen Buddha nun mit sich.

Die Jahre vergingen, und die Nonne, noch immer ihren Buddha tragend, zog in einen kleinen Tempel ein, in dem sich viele Buddhastatuen befanden, jede in einem eigenen Schrein.

Die Nonne hatte sich angewöhnt, ihrem goldenen Buddha Weihrauch zu opfern. Doch in diesem neuen Tempel missfiel ihr die Vorstellung, dass der Weihrauch mit dem Wind zu den anderen Statuen ziehen könnte. Also baute sie einen Trichter, sodass der Rauch nur zu ihrer Buddhastatue hinaufzog. Das färbte mit der Zeit die Nase ihres Buddhas schwarz und machte ihn ganz hässlich.

28. IN DIE WOLKEN SCHAUEN

Hast du als Kind auch auf der Wiese gelegen und verträumt in die Wolken geschaut? Nach einer Weile hören die Wolken auf, bloß Wolken zu sein, und dann treten aus ihnen alle möglichen Konturen und Formen hervor: hier das Gesicht eines Riesen mit Knollennase, da ein Schiff mit gehissten Segeln – und sieht diese Wolke dahinten links nicht Tante Lisbeth beim Mittagsschlaf verdächtig ähnlich?

Unser Gehirn ist darauf angelegt, in Chaos und Unordnung nach sinnvollen Mustern Ausschau zu halten. Diese erstaunliche Fähigkeit wird als Pareidolie bezeichnet – und lässt sich nebenbei wunderbar dafür nutzen zu entspannen, seinen Gedanken freien Lauf zu lassen, zu träumen und auch in der Erwachsenenwelt wieder einmal Kind zu sein.

Fast jeder Mensch kennt die Erfahrung, in den Wolken Gestalten und Figuren zu sehen, aber für die meisten ist es leider nur noch eine ferne Kindheitserinnerung. Denn als Erwachsene müssen wir in erster Linie funktionieren, sei es im Beruf oder in der Familie. Wir haben Deadlines, die einzuhalten, und Pflichten, die zu erfüllen sind.

Das lässt für unser Bedürfnis, zu träumen und uns spielerisch unserer Fantasie hinzugeben, wenig Raum. Dieses Bedürfnis aber haben wir alle, denn das Kind in uns sehnt sich danach, auch einmal etwas scheinbar Sinnloses und Unproduktives zu tun.

Lass dich daher bei Stress und Hektik wieder einmal von den Wolken am Himmel dazu einladen, deinen Blick zu erheben und dich für ein paar Minuten träumerisch in ihrem Spiel zu verlieren. Es gibt wenig, was so entschleunigend und beruhigend wirkt: Sie fließen am Himmel dahin, in den unterschiedlichsten Formen und Farben, und verändern sich von Moment zu Moment. Ein ideales Mittel, um den Stress in uns und um uns herum zu vergessen, ins Hier und Jetzt

zu kommen und sich so unbeschwert wie damals als Kind zu fühlen.

Mach dir ein kleines Ritual daraus, wenigstens einmal am Tag in die Wolken zu schauen und Gestalten in ihnen zu entdecken. Das geht am besten, wenn du es nicht forcierst, sondern die Gebilde am Himmel einfach auf dich wirken lässt.

Deine Hirnwellen werden dafür sorgen, dass dich dieses Ritual entspannt. Sie wechseln nämlich bei diesem ziellosen Tun über in einen Alphawellen-Zustand. In ihm können wir besonders gut assoziieren und kreativ sein, zugleich fühlen wir uns entspannt, friedvoll und von einem tiefen Wohlbefinden durchströmt.

Die Wolken werden so nicht nur zu einem Tor, hinter dem wir uns wieder mit unserem inneren Kind verbinden, sondern auch zu einer wertvollen Gelegenheit, mit der wir das Entspannen und Loslassen aktiv trainieren können. Also los: Der Himmel ist immer für uns da.

29. AUSREICHEND SCHLAFEN

Die bekanntesten Zen-Meister im Japan des achtzehnten Jahrhunderts waren Hakuin Ekaku und Bankei Eitaku. Beides hervorragende Lehrer mit einer großen Anzahl an Schülern um sich. Sie mochten sich aber nicht sonderlich, sie rivalisierten und vertraten unterschiedliche Auffassungen, wie man am besten Zen lehre. In einem Punkt gingen ihre Meinungen besonders stark auseinander: wie man mit Mönchen umgehen sollte, die beim Meditieren einschlafen.

Meister Hakuin vertrat eine traditionelle Haltung: Mönche dürfen beim Meditieren auf keinen Fall einschlafen, und wenn, dann muss man sie sofort aufwecken. Und zwar nach althergebrachter Weise mit einem ordentlichen zeremoniellen Schlag auf die Schultern – dafür gab es einen herumgehenden Aufpasser mit einem Holzstab. Überhaupt sollten Mönche Hakuin zufolge nur wenig schlafen. Er selbst war dafür bekannt, für viele Jahre nachts an abgelegenen Orten wie Friedhöfen meditiert zu haben – ganz ohne Schlaf.

Völlig anders dagegen die Haltung von Meister Bankei: In seinem Kloster gab es keinen Aufpasser, der zwischen den meditierenden Mönchen herumwanderte, um sofort zu bemerken, wenn jemand eingenickt war. Bankei ließ seine Mönche einfach weiterschlafen. Er vertrat nämlich die Ansicht, dass beides gut sei: meditieren und schlafen.

Mit dieser Haltung, die in der Geschichte des Zen einzigartig ist, war Bankei ziemlich modern. Denn heute wissen wir, dass ausreichend Schlaf äußerst wichtig für unsere Leistungsfähigkeit, die Gesundheit und unser Wohlbefinden ist.

Die moderne Schlafforschung hat in den letzten Jahren große Fortschritte gemacht. Ihre Erkenntnisse sind eindeutig und revolutionär: Genügend zu schlafen ist kein Luxus, sondern eine absolute Notwendigkeit, wenn wir fit und gesund sein wollen. Wie viel

Schlaf wir brauchen ist individuell unterschiedlich, doch mindestens sieben Stunden pro Nacht sollten es sein. Schlafen wir weniger, können die Folgen gravierend sein: Die Konzentrationsfähigkeit nimmt rapide ab, die Stimmung geht in den Keller, und wir handeln weniger sozial. Zugleich kann unser Immunsystem nicht so gut arbeiten, wodurch Bakterien, Keime und Viren leichtes Spiel haben. Haben wir dauerhaft Schlafmangel, auch das zeigen neuste Studien, dann erhöht sich das Risiko für Herz- und Kreislauferkrankungen, Krebs und Demenz im Alter signifikant.

Meister Bankei hatte also recht. Schlaf ist wichtig. Leider besteht in unserer Gesellschaft immer noch die Tendenz, sich mit Schlafmangel eher zu rühmen als ihn als Manko anzusehen: »Ich habe letzte Nacht nur fünfeinhalb Stunden geschlafen. Mehr brauch ich nicht ...« Nichts könnte falscher sein.

Im Geist von Meister Bankei sollten wir darauf achten, ausreichend zu schlafen. Geben wir dem Schlaf die Priorität in unserem Leben, die ihm zusteht. Vielleicht magst du es dir gelegentlich zu einem Genussritual machen und ganz früh schlafen gehen, um die Ruhe für Körper und Geist richtiggehend zu zelebrieren. Hier ein paar Einschlaftipps:

- Schaffe mit deinem Schlafzimmer einen Raum, der auch wirklich zum Einschlafen einlädt: Es sollte dunkel, still und eher kühl sein.
- Smartphone und Tablet, Fernseher und Computer haben im Schlafzimmer am besten gar nichts zu suchen. Und du solltest sie möglichst auch nicht direkt vor dem Schlafengehen benutzen. Das blaue Licht der Monitore erschwert nämlich nachgewiesenermaßen das Einschlafen.
- Es ist sinnvoll, sich schon vor dem Schlafengehen zu entspannen. Nimm dir daher am Abend möglichst etwas Zeit, um runterzufahren, vielleicht durch Musikhören, Lesen oder auch Yoga.

● Wenn du nach zwanzig Minuten im Bett noch wachliegst und vor lauter Unruhe oder Grübeln einfach nicht einschlafen kannst: Steh besser wieder auf und mach irgendetwas Entspannendes. Koche dir einen Tee, mach ein paar ruhige Dehnübungen oder notiere ein paar schöne Erinnerungen aus den letzten Tagen. Irgendwann wirst du von selbst müde. Die Sorge, nicht einschlafen zu können, verhindert oft das Einschlafen.

30. EINFACH MAL ZUHÖREN

So schön es auch wäre: Das Leben ist leider nicht immer leicht. Um sich in der heutigen Leistungsgesellschaft durchzusetzen, krempeln wir die Hemdsärmel hoch, und manche setzen auch ihre Ellenbogen ein. Doch mal ganz ehrlich: Möchtest du, dass eine Haltung von Kampf und Konkurrenz auf deinen Charakter abfärbt, dass sie dein Leben bestimmt, das Leben von uns allen?

Seinen Mitmenschen barsch, unfreundlich oder gar zynisch zu begegnen macht auf Dauer ganz sicher unglücklich, isoliert und einsam. Wir verschließen unser Herz und verhindern, dass wir mit anderen in Resonanz gehen, dass wir uns mit ihnen verbinden. Das aber ist der einzige Weg, um der Einsamkeit entgegenzuwirken, die in unserer Welt heute so sehr grassiert, dass Großbritannien bereits ein Ministerium dafür ins Leben gerufen hat.

Vor allem aber verbauen wir uns damit den einfachsten Zugang zum Glück. Denn anderen Menschen mitfühlend und freundlich zu begegnen ist nicht nur gut für sie, sondern mindestens genauso für uns selbst: Es öffnet unser Herz, erfüllt uns mit Zuneigung und trägt uns mit einem Gefühl der Freude und Leichtigkeit durch den weiteren Tag.

Man muss nicht viel dafür tun. Denn es sind vor allem die kleinen Gesten, die hier von Bedeutung sind: ein warmes Lächeln, eine helfende Hand, ein aufmunterndes Wort oder ein paar Minuten, in denen wir einem anderen Raum geben und einfach nur zuhören.

In der heutigen Schnell-schnell-Zeit, in der sich alles immer weiter beschleunigt und Stress und Hektik wie Lauffeuer um sich greifen, wird es immer seltener, dass wir uns gegenseitig wirklich zuhören. Oft sind wir so sehr mit unseren eigenen Angelegenheiten beschäftigt, dass wir nur mit einem halben Ohr hinhören, wenn sich uns jemand mitteilen möchte.

Das ist ausgesprochen schade, denn echtes Zuhören ist ein einfacher und wirkungsvoller Weg, sich mit anderen tiefgehend zu verbinden. Es bedeutet, ganz da zu sein, die Worte des anderen offen, ohne Vorurteil und ohne Bewertung aufzunehmen. Das braucht nicht unbedingt viel Zeit: Nimm dir fünf Minuten, in denen du für jemand anderen wirklich da bist. In dieser kurzen Zeit kann sich eine echte Kommunikation von Mensch zu Mensch entfalten. Und sie wird bedeutungsvoller und erfüllender als jeder halbstündige Smalltalk sein, der nur so dahinplätschert.

Unser Gegenüber merkt sofort, wenn wir ihm mit unserem ganzen Sein zuhören. Er hat das Gefühl, sich öffnen zu können und dass seine Worte nicht im leeren Raum verhallen. Durch wirkliches Zuhören können wir für unsere Mitmenschen da sein, sie unterstützen und ihnen etwas Gutes tun. Das macht nicht nur sie glücklich, sondern auch uns selbst.

ALLES IST DAS BESTE

Als Banzan über einen Markt lief, hörte er zufällig die Unterhaltung zwischen einem Metzger und seinem Kunden mit.

»Geben Sie mir das beste Stück Fleisch, das Sie haben«, sagte der Kunde.

»Alles hier in meinem Stand ist das beste«, antwortete der Metzger. »Sie werden hier kein Stück Fleisch finden, das nicht das beste ist.«

Als er diese Worte des Metzgers vernahm, wurde Banzan erleuchtet.

31. MINI-SONNENBÄDER NEHMEN

Im Zen-Buddhismus ist die Sonne eine beliebte Metapher für den erleuchteten Geist. Immer wenn unser Geist nicht von sorgenvollen, ängstlichen oder anderen schmerzhaften Gedanken getrübt ist, erscheint unser Bewusstsein hell und klar wie ein wolkenloser Himmel: so weit das Auge reicht durchflutet von Licht. Dann spüren wir in unserem Geist die Freude, die eigentlich immer da ist, sich nur eben manchmal hinter dichten Sorgenwolken versteckt.

Eine Ahnung von diesem freudigen Zustand können wir leicht erfahren, wenn wir in die Sonne gehen. Es muss kein ausgedehntes Sonnenbad auf dem Liegestuhl sein, schon fünf Minuten in der Mittagspause in der Sonne zu sitzen, zu stehen oder zu gehen heitert merklich auf. Wir verbringen wohl alle viel zu viel Zeit in Räumen mit künstlichem Licht und vor flimmernden Bildschirmen. Ein Mini-Sonnenbad, das sicher jeder problemlos in den Tagesablauf integrieren kann, ist hierzu ein guter Ausgleich.

Wie die Neurophysiologie herausgefunden hat, reicht schon ein kurzer Aufenthalt in der Sonne, um eine Reihe von Prozessen in unserem Körper auszulösen: Vor allem werden vermehrt einige Neurotransmitter, darunter Dopamin und Serotonin, ausgeschüttet, die für bessere Laune und körperliches Wohlbefinden sorgen.

Das muss man aber nicht wissen, um die wunderbare Kraft der Sonne selbst zu spüren. Besonders wenn deine Stimmung im Keller ist, du dich von Sorgen geplagt fühlst oder der Stress dich durch deinen Alltag jagt, ist ein Mini-Sonnenbad ideal. Mach zum Beispiel einen kleinen Spaziergang, denn auch das Gehen verleiht der Laune oft den entscheidenden Kick nach oben. Mit einem Sonnenspaziergang kannst du also zwei Fliegen mit einer Klappe schlagen und die Wirkung von zwei ganz simplen Wohlfühlmaßnahmen kombinieren.

Geh gemächlich, Schritt für Schritt und spüre die Wärme der Sonnenstrahlen auf deiner Haut. Denk nicht mehr an das, was dich vor einigen Minuten noch belastet hat. Sei stattdessen ganz im Moment: Alles, was jetzt zählt, ist, langsam und bewusst einen Fuß vor den anderen zu setzen. Spüre, wie du die heilende Kraft der Sonne mit deinem ganzen Körper aufnimmst; über die Haut, die Haare, die Augen. Schau dich um: Die ganze Welt erblüht unter den Strahlen der Sonne. Es gibt nichts, was dich jetzt belasten könnte – auch du spürst, wie du aufblühst.

Lass deinen Spaziergang so zu einer kleinen Sonnen-Gehmeditation werden. Lass mit der Sonne auch das Glück in deinem Leben Einzug halten.

32. NICHT IRGENDWANN, SONDERN JETZT

Wir alle haben Wünsche, die wir irgendwann einmal in der Zukunft umsetzen wollen: »Irgendwann einmal möchte ich anfangen, Klavier zu spielen.« »Irgendwann einmal möchte ich nach Ägypten fliegen und mir die Pyramiden und die große Sphinx anschauen.« Oder: »Schon bald werde ich anfangen, regelmäßig Sport zu machen und gesünder zu essen.«

Das alles klingt gut und schön. Und manchmal kann es tatsächlich sinnvoll sein, einen großen Lebenswunsch wachzuhalten, auch wenn wir ihn uns aktuell nicht erfüllen können. Doch er macht uns Hoffnung für die Zukunft.

Generell ist es allerdings besser, die Wünsche und Ziele gleich im Hier und Jetzt anzupacken und in die Tat umzusetzen. Warum warten, etwas zu tun, was man wirklich will, wenn man es doch gleich tun kann?

Das Zen sagt uns, dass wir letztlich nichts haben außer der Gegenwart. Denn die Vergangenheit ist vergangen und die Zukunft noch nicht da. Der einzige Punkt, an dem wir nachhaltig eine Veränderung bewirken können, ist das Jetzt. Der Mathematiker Archimedes sagte vor über zweitausend Jahren schon, dass er die Welt aus den Angeln heben könnte, wenn er einen wirklich festen Punkt hätte. Was Archimedes nicht wusste: Dieser Punkt ist das Jetzt. Vom gegenwärtigen Moment aus ist unglaublich viel möglich.

Fangen wir also heute noch damit an, unsere Vorhaben und Wünsche zu verwirklichen. Lassen wir die Vorstellung eines »Irgendwann« los.

Das ist auch deshalb gut: Wenn wir eine Sache zu lange aufschieben, kann es nur zu leicht passieren, dass wir sie aus verschiedenen Gründen gar nicht mehr realisieren. Wenn wir mit dreißig den Wunsch haben, ein Instrument zu erlernen, diesen Wunsch dann aber zwanzig Jahre lang nicht angehen, dann sagen wir uns mit fünfzig wahrscheinlich, dass es jetzt dafür sowieso zu spät ist.

Oder beim Beispiel des Reisens: Vielleicht sind wir »irgendwann« nicht mehr ohne Weiteres fähig, nach Ägypten zu fliegen. Wir könnten familiär oder beruflich zu sehr eingespannt sein, um mal eben diese Reise zu machen. Oder wir sind krank geworden. Jetzt aber wäre es wirklich keine große Sache. Wir brauchen nicht viel zu planen, kaufen einfach ein Flugticket, packen unseren Koffer, steigen in den nächsten Flieger, und – schwupps! – schon stehen wir staunend vor der Sphinx.

Wenn du dich das nächste Mal bei einem »Irgendwann werde ich endlich …« ertappst, dann frage dich: »Wieso damit warten? Kann ich diese Sache nicht sofort Realität werden lassen? Was hindert mich daran?« Mach diese Fragen zu deinem Mini-Zen-Ritual.

33. JUDGEMENT-DETOX

Wir alle bewerten und urteilen ständig: »Hast du diese Frisur eben gesehen? Die geht ja gar nicht!« »Diese Meinung kann man einfach nicht gelten lassen!« »Die hat aber zugenommen, die vernachlässigt sich völlig!«

Zu fast allem haben wir ein Urteil, ob wir es nur still für uns denken oder laut in die Welt hinausposaunen. Wie oft sind wir in der Sache nicht einmal besonders gut informiert – doch wir mögen einfach unsere Meinungen. Machen sie uns nicht einzigartig, sind sie nicht Ausdruck unserer Individualität und unserer ganz eigenen Persönlichkeit? Wir wollen kultiviert, intelligent, gebildet, weltmännisch oder einfach cool erscheinen und uns mit unseren Urteilen von andern abheben.

Wie der Zen-Buddhismus betont, machen uns unsere Meinungen und Urteile jedoch keineswegs ein-

zigartig. Denn sie sind letztlich nur Gedanken, die für eine kurze Zeit in unserem Kopf umherschwirren. Doch wir identifizieren uns mit ihnen, und genau dadurch werden die Gedanken, die an sich flüchtig und substanzlos sind, zu unserer Weltanschauung: »Das ist *meine* Meinung zu dieser Sache« »Das ist, was *ich* denke«. Auf diese Weise verleihen wir den Gedanken Kraft und eine dauerhafte Gestalt – und erhoffen uns wiederum von ihnen, dass sie uns in den Augen anderer größer und besser, klüger und interessanter erscheinen lassen.

Was wir dabei vergessen: Wir müssen keineswegs alles bewerten. Oftmals ist es sogar schlauer, sich zu etwas nicht gleich eine Meinung zu bilden und es nicht sofort in der einen oder anderen Weise zu be- oder zu verurteilen. Man kann Aussagen und Handlungen, Geschmäcker und Frisuren auch gut für sich stehen lassen. Es gibt keinen Zwang, alles, was wir wahrnehmen, gleich mit einem Werturteil zu etikettieren.

Haben wir das einmal verstanden, können wir viel gelassener und leichter durch den Alltag gehen. Denn wenn wir anfangen, uns mit unseren Urteilen zurückzuhalten, dann erkennen wir, was für eine kräftezehrende und anstrengende Sache das immer war. Es kostet sehr viel Energie, ständig zu urteilen und vor anderen mit der eigenen Meinung aufzutrumpfen. Außerdem bläst es unser Ego unnötig auf und führt dazu, dass wir nicht im Augenblick sind, sondern nur noch in unserer Gedankenwelt.

Judgement-Detox ist daher die perfekte Mini-Zen-Ritual-Empfehlung: Achte einfach im Alltag darauf, was du sagst und welche Absicht hinter deinen Worten steckt. Ganz schnell wirst du die Themenbereiche herausgefiltert haben, bei denen es dir vor allem darum geht, dich mit deiner Meinung oder deinem Urteil von anderen abzuheben und in einem bestimmten Licht zu erscheinen. Und ganz von selbst wirst du deine Aussagen mit der Zeit von solchen Färbungen freihalten.

Mit diesem Ritual nimmst du einen wirklich einfachen
Weg zu Leichtigkeit im Alltag, denn all den unnötigen
Gedanken- und Wortballast lässt du hinter dir.

Dr. Pascal Akira Frank, geboren 1981 in Erbach im Odenwald, beschäftigt sich seit vielen Jahren mit östlicher Spiritualität. Schon früh lernte er Japan, das Heimatland seiner Mutter, kennen und verbrachte einen Teil seiner Kindheit und Jugend in Chigasaki. Auch später reiste er immer wieder nach Japan, um in die faszinierende Kultur einzutauchen und sich in die Weisheitslehren des Zen-Buddhismus und Daoismus zu vertiefen. Zen ist für ihn der beste Weg, um im Trubel des Alltags bei sich zu bleiben, still zu werden und offen zu sein für die Schönheit des Augenblicks.

Unsere Leseempfehlung

176 Seiten
Auch als E-Book
erhältlich

Haustiere machen glücklich – und Katzen ganz besonders. Als Herr Paul, ein schwarz-weiß gestreifter Kater, eines morgens freundlich vor Pascal Franks Tür hockt, ahnt der Autor noch nicht, dass mit dieser besonderen Fellnase das Glück in sein Leben einziehen wird. Denn als waschechte Buddha-Katze weiß Herr Paul natürlich, wie man den Alltag schlau und gelassen nimmt. Und auch wir können uns eine Menge von Herrn Paul abschauen für einen flauschig-geschmeidigen Glücksalltag.

www.goldmann-verlag.de
www.facebook.com/goldmannverlag

GOLDMANN
Lesen erleben

Unsere Leseempfehlung

144 Seiten
Auch als E-Book
erhältlich

Superschnell, superleicht, klappt garantiert! Dieses Buch ist für alle, die bisher der Meinung waren, Meditation sei schwer, langwierig und mit körperlichen Schmerzen verbunden. Pascal Akira Frank, selbst Autodidakt und Genussmeditierender, hat den idealen Ratgeber für alle Lotossitz-Gefrusteten geschrieben. Wirksame Übungen und praxiserprobte Tricks helfen, die häufigsten Probleme wie Gedankenwandern, Müdigkeit oder Motivationsdurststrecken zu überwinden. Für Anfänger und Fortgeschrittene.

www.goldmann-verlag.de
www.facebook.com/goldmannverlag

GOLDMANN
Lesen erleben

Unsere Leseempfehlung

192 Seiten

Jedem Atemzug, jedem Schritt, den wir tun, kann Frieden, Freude und Gelassenheit innewohnen. Wir müssen nur wach sein und bewusst im Augenblick leben. Mit diesem Klassiker weckt Thich Nhat Hanh unsere Achtsamkeit, unsere Erinnerung daran, dass Glück nur im gegenwärtigen Moment möglich ist. Mit der klaren Sprache des Poeten, der Weisheit eines großen Zen-Meisters und der leisen Energie des erfahrenen Lehrers baut Thich Nhat Hanh eine Brücke zwischen Körper und Geist, zwischen Alltag und Friedenssehnsucht.

www.goldmann-verlag.de
www.facebook.com/goldmannverlag

GOLDMANN
Lesen erleben

Unsere Leseempfehlung

112 Seiten
Auch als E-Book
erhältlich

Dürfen wir vorstellen: Scottï. Erleuchtungsgrad: vier von vier Pfoten. Beruf: kuschliger Hundeguru und treuer Gefährte von seinem Herrchen Gilles, einem durchgetakteten, überreizten Endvierziger. Fast ein wenig neidisch schaut Gilles auf die Unbekümmertheit und Spielfreude, die vorbehaltlose Liebe und die tiefe Ruhe seines kleinen tierischen Freundes. Eines Tages begreift er, dass Scottï sehr viel mehr ist als ein gewöhnlicher Cockerspaniel – und beschließt sein Herz zu öffnen für die Glückslektionen seines weisen Begleiters. Die Königsdiziplinen: wahre Hingabe, Gelassenheit und Dankbarkeit.

www.goldmann-verlag.de
www.facebook.com/goldmannverlag

GOLDMANN
Lesen erleben